Engelbert Thaler

Lernerfolg durch *Balanced Teaching*

Der Autor

Prof. Dr. Engelbert Thaler lehrt und erforscht die Didaktik der englischen Sprache, Literatur und Kultur an der Pädagogischen Hochschule Freiburg. Nach 20-jähriger Tätigkeit als Gymnasiallehrer für Englisch und Sozialkunde habilitierte er sich an der Ludwig-Maximilians-Universität München über offene Lernarrangements im Fremdsprachenunterricht.
Seine Publikationen befassen sich neben unterrichtsmethodologischen Fragen mit literaturdidaktischen Themen (*Teaching English Literature, Shakespeare*), mediendidaktischen Zugängen (Musikvideoclips, Web 2.0, *Film Based Language Learning*) und kulturkundlichen Aspekten (Fußball, *Popular Culture*). Thaler ist auch Herausgeber von Schulbüchern, Fachzeitschriften und Unterrichtsreihen.

Engelbert Thaler

Lernerfolg durch *Balanced Teaching*

Offene Lernarrangements:

- Aufgabenorientiert
- Spielorientiert
- Medienorientiert

Cornelsen
SCRIPTOR

Die in diesem Werk angegebenen Internetadressen haben wir überprüft (Redaktionsschluss: Dezember 2009). Dennoch können wir nicht ausschließen, dass unter einer solchen Adresse inzwischen ein ganz anderer Inhalt angeboten wird.
Nicht in allen Fällen konnten wir die Rechteinhaber ausfindig machen. Berechtigte Ansprüche werden wir im üblichen Rahmen vergüten.

www.cornelsen.de

Bibliografische Information: Die Deutsche Bibliothek verzeichnet diese Publikation in der Deutschen Nationalbibliografie; detaillierte bibliografische Daten sind im Internet über http://dnb.ddb.de abrufbar.

Dieses Werk folgt den Regeln der deutschen Rechtschreibung, die seit August 2006 gelten.

1. Auflage 2010

Projektleitung: Gabriele Teubner-Nicolai, Berlin
Redaktion: Annegret Hauser, Berlin
Herstellung: Brigitte Bredow, Berlin
Reihengestaltung: sign, Berlin
Satz/Layout: Markus Schmitz, Büro für typographische Dienstleistungen, Altenberge
Umschlaggestaltung: Magdalene Krumbach, Wuppertal
Umschlagfoto: Colourbox, Deutschland
Illustrationen: Stefanie Koerner, Hamburg (pheist.net)
Druck und Bindung: fgb • freiburger graphische betriebe
Printed in Germany
ISBN 978-3-589-22983-3

Inhalt gedruckt auf säurefreiem Papier,
umweltschonend hergestellt aus chlorfrei gebleichten Faserstoffen.

Inhalt

Vorwort

Frontalunterricht in der Kritik

Der lehrerzentrierte **Frontalunterricht** steht nicht erst seit dem Erscheinen des 1. und 2. Buches PISA und dem dadurch hervorgerufenen Exodus gläubiger Pisaner ins gelobte (Finn-)Land in der **Kritik**. Die Bewegung für eine Öffnung des Unterrichts attackiert schon seit längerer Zeit instruktivistisch orientierte Unterrichtsmethoden. Von **offenen Lernarrangements** erhofft man sich besseren und motivierenderen Unterricht. Deshalb sollen in diesem Band fünfzehn offene Methoden dargestellt werden.

15 offene Methoden

Der Begriff **Methoden** wird dabei in einem weiten Sinn benutzt und umfasst Konzepte, Techniken und Verfahren. Diese pragmatische Verwendung des Begriffs erlaubt es, eine große Bandbreite unterschiedlicher methodischer Abstraktionsgrade aufzunehmen und den Blick auch auf Formen auf der mittleren und unteren Ebene des Unterrichts zu lenken. Diese kommen bei den bislang vorliegenden Veröffentlichungen zu kurz.

6 Kategorien der Methodenbetrachtung

Die einzelnen Lernarrangements werden jeweils anhand eines pragmatischen Katalogs von sechs Kategorien dargestellt. Die erste Kategorie, **Hintergrund**, bettet die Methode in den Entstehungskontext ein und soll zu einem besseren Verständnis des jeweiligen Arrangements beitragen. Mit der zweiten Kategorie, **Begriff**, wird der Tatsache Rechnung getragen, dass es eine Vielzahl von Varianten oder verwandten Begriffen gibt. Mit der dritten Kategorie, **Ziele**, wird der theoretische Anspruch des jeweiligen Lernarrangements beleuchtet. Die vierte Kategorie, **Unterrichtsgestaltung**, bezieht sich auf die konkrete Organisation des Unterrichts, schließt Kriterien wie Phasen, *activities*, Aufgabentypen, Medien, Materialien, Sozialformen ein und bildet den zentralen Teil der Darstellung. Mit der fünften Kategorie, **Ergebnisse**, soll versucht werden, einen Überblick über die vorhandenen quantitativen und qualitativen Forschungen und Erprobungen im Unterricht zu geben. Dies scheint umso notwendiger, als die vorliegenden Veröffentlichungen diese Kategorie stark vernachlässigen. An Darstellungen einer Methode auf der konzeptionell-theoretischen Ebene besteht meist kein Mangel, aber Beschreibungen der tatsächlichen Umsetzung im Unterricht sind dünner gesät. Die letzte Kategorie, **Beurteilung**, soll eine persönliche Evaluation des Lernarrangements im Lichte des Offenheits-Paradigmas erlauben.

Wer alles offen hat, kann aber nicht ganz dicht sein. **Offene Lernarrangements** funktionieren nur, wenn gewisse Maßnahmen zur **Schließung** getroffen werden. Die Ausführungen in den Kategorien 4-6 (und der Einleitung) geben Hinweise dazu, wie man offenes Unterrichten mit Planung und Struktur verbindet und damit effektiver macht. Als Ziel gilt ***Balanced Teaching***.

Schließen offener Lernarrangements

A Einleitung

1 Bedeutung des Themas

aktuell seit den 70ern

Mangelnde **Aktualität** kann man dem Thema *Offener Unterricht* sicher nicht unterstellen. Spätestens seit den 70er Jahren des letzten Jahrhunderts wurden Forderungen nach offenen Curricula, einer Öffnung der Schule und offenem Unterricht unüberhörbar und verdichteten sich zu einer Bewegung. Bildungspolitiker aller Couleur sind inzwischen von der reformerisch-innovativen Kraft einer Öffnung überzeugt, und ein Begriff wie *Schüleraktivierung* ist zur Lieblingsvokabel einschlägiger amtlicher Verlautbarungen avanciert. Erstellte man eine Hitparade der populärsten Termini in den fachdidaktischen Publikationen, würden sich verwandte Begriffe wie *Handlungsorientierung*, *Autonomie* oder *Differenzierung* sicher unter den *Top Ten* platzieren.

PISA-Schock und Offenheitsparadigma

Seit 2001 die Ergebnisse der 1. PISA-Studie präsentiert wurden, ist das Akronym **PISA** (*Programme for International Student Assessment*) die Chiffre für die Schieflage im deutschen Bildungssystem. Führende Repräsentanten in Politik, Wirtschaft und Massenmedien befürchteten gar, Deutschland könne vom Volk der Dichter und Denker zum Volk der funktionalen Analphabeten degenerieren. Ungeachtet aller interpretatorischen Missdeutungen der Studie hat der PISA-Schock auch und vor allem dem **Offenheits-Paradigma** zu aktueller Relevanz verholfen. Im Zuge der „*Rückbesinnung auf den Unterricht* als dem wesentlichen Faktor der Schule" (Helmke 2004, 11) wird auch verstärkt über einen neuen Stellenwert des Lernens, eine andere Vermittlung der Lerninhalte, die Erprobung neuer Formen des Lehrens und Lernens diskutiert. Es wird anerkannt, dass die Qualität des Unterrichts und der Schule auch von der methodischen Gestaltung des Unterrichts abhängt.

Unterrichtsqualität und Methoden

Die Fachdidaktik befindet sich seit nunmehr mindestens einem Jahrhundert auf der Suche nach der besten **Unterrichtsmethode** – einer Suche, die sich inzwischen als weitgehend vergeblich herausgestellt hat. Die beste Methode gibt es nicht.

keine „beste" Methode

Ungeachtet der Problematik eines Methodenvergleichs und der Absurdität einer Suche nach der besten Methode ist eine Darstellung methodischer Arrangements sinnvoll. Die notwendige **Professionalisierung des Lehrer-**

berufs erfordert es, neben *self-awareness, learner awareness, language awareness* und *intercultural awareness* auch ***method awareness*** zu entwickeln. Letztere beinhaltet vor allem die Kenntnis verschiedener methodischer Gestaltungsweisen von Unterricht und die Fähigkeit, diese reflektiert anzuwenden. Eine ausgeprägte Methodenkompetenz trägt dazu bei, dass Lehrende unterschiedliche Zusammenhänge von Theorie und Praxis erkennen, über ein breites Reservoir von Arrangements verfügen, eine begründete Auswahl daraus treffen, die eigene situationsorientierte Flexibilität erhöhen und den Fremdsprachenunterricht damit verbessern.

Methodenkompetenz: Teil der Lehrprofessionalität

Es soll hier keiner Methoden-Manie Vorschub geleistet werden. Neben Methoden spielen noch andere Parameter eine wichtige Rolle im Fremdsprachenunterricht, die Verabsolutierung *einer* allein selig machenden Methode hat sich stets als Irrweg erwiesen, und eine Methode darf nicht nur deswegen übernommen und praktiziert werden, weil sie gerade *en vogue* oder tradiert ist. Vielmehr soll dieser Band vor dem Hintergrund eines **methodischen Pluralismus** die Entwicklung eines wohlverstandenen, i. e. prinzipiengeleiteten und zielorientierten, Eklektizismus und einer „angemessenen Methodenvariation" (Helmke 2004, 42) unterstützen – denn „Mischwald ist besser als Monokultur" (Meyer 2004, 9).

statt Methodenmanie: reflektierte Methodenvariation

2 Geschlossener Unterricht

„Wenn viele schweigen und einer spricht, dann nennt man dieses Unterricht." Mit diesem populären Spottvers wird eine Unterrichtsform karikiert, die unter **diversen Namen** firmiert: lehrerzentrierter Unterricht, Frontalunterricht, Lernzielorientierter Unterricht, Direktes Unterrichten, Lehrgang, instruktivistischer Unterricht, *teacher-centred / teacher-fronted classroom, direct instruction.* Obgleich graduell unterschiedlich, ähneln sich diese Ansätze in wesentlichen Aspekten. Frontalunterricht ist ein Unterricht, in dem „der Lernverband (die ‚Klasse') gemeinsam unterrichtet wird und in dem der Lehrer – zumindest dem Anspruch nach – die Arbeits-, Interaktions- und Kommunikationsprozesse steuert und kontrolliert" (Meyer 1989, 183). Und wer solch geschlossenen Unterricht praktiziert, muss sich auf harsche **Kritik** einstellen – vgl. die folgende Sammlung potenzieller Zuschreibungen.

Geschlossener Unterricht: unterschiedliche Begriffe

... Wer „geschlossen“ unterrichtet, steht in der Kritik

Sie glauben an den lehrerzentrierten Allein-Unterricht.

- Sie können den Schülern zeigen, was Sie alles können – und was die Schüler **nicht** können.
- Machen Sie alles allein: Wiederholen Sie den Stoff der Vorstunde allein. Beantworten Sie Ihre eigenen Fragen selbst. Schreiben Sie die Antworten an die Tafel ... und: Reinigen Sie die Tafel am Schluss auch selbst.
- *It is your right to be right.*

Sie haben eine hohe TTT (Teacher Talking Time).

- Der durchschnittliche Anteil der TTT beträgt 80%. Versuchen Sie, ihn auf 90% zu erhöhen.
- PAVLOV: *Imitation ist the mother of learning.*
- SKINNER: *Parrots learn best.*

Sie lieben sich. Im Unterricht befriedigen Sie Ihr narzisstisches Bedürfnis nach Selbstdarstellung.

Sie möchten der Boss sein.

- Ihre Autorität wird zementiert.
- Ihr Kontroll-, Sicherheits- und Machtbedürfnis wird befriedigt.

Kollateralschäden:

- Vernachlässigung der Demokratiekultur
- Verkümmern moralischer Kompetenzen durch direktive Steuerung
- nur formale, äußerliche Unterrichtsdisziplin

Sie benutzen den ‚Nürnberger Trichter‘.

- passives und rezeptives Lernen
- Lernen im Gleichschritt
- Ignorieren von Individualität
- Verhindern von Autonomie
- Absage an alle Formen selbstorganisierten Lernens
- Vernachlässigung sozialer Kompetenzen

Sie glauben an Gleichheit.
- Alle Klassen sind gleich.
- Alle Schüler sind gleich.
- Alle Stunden sind gleich.

Geopfert werden:
- Heterogenität
- Individualisierung
- Differenzierung

Sie setzen nichts voraus … und verlangen alles.
- *I can't draw on their experience of life, their knowledge of the world.*
- *If they haven't got it – their problem.*
- G.W. Bush: *If they can't stand the heat, they should get out of the kitchen.*

Sie sind vorhersehbar.
- Ich beginne immer mit *Presentation*, mache dann *Practice* und schließlich *Production*.

► *Stick to PPP and you'll never come unstuck.*

Sie sind langweilig.
- Ich führe das Unterrichtsgespräch nach dem IRE-Muster (Impuls – Reaktion – Evaluation)
- Ich variiere meine Stimme nicht. Ich unterscheide nicht zwischen Aussagen und Fragen, Erläuterungen und Nebenbemerkungen, Anfang und Ende, den wichtigen und den unwichtigen Sachen, den ernsten und den lustigen.
- Hamlet: *God gave you one voice – you should not make yourself another.*

Frontalunterricht: Popanz

Mit solchen Kritikpunkten konnte ein pädagogisch-methodologischer **Popanz** konstruiert werden, gegen den sich andere Unterrichtskonzepte unschwer positiv positionieren lassen. Eine objektive Auseinandersetzung mit dem Frontalunterricht war längere Zeit nicht mehr vonnöten. Inzwischen ist aber eine behutsame **Renaissance** von Schriften zum **Frontalunterricht** zu beobachten. Hilbert Meyer stößt mit seinem Bruder Meinert ein „Lob des Frontalunterrichts" (1997) aus; und Aschersleben bekämpft „Vorurteile" und „schlechtes Gewissen" der (immer noch) Frontalunterricht praktizierenden Lehrkräfte (1999, 122). Eine vorurteilsfreie Sicht dagegen kann geschlossenen Lernarrangements folgendes **Potenzial** attestieren:

1. Effektivität des Unterrichts durch sorgfältige Planung und klaren zeitlich-inhaltlichen Rahmen
2. Intensive Vermittlung kognitiver Wissensbereiche (Lehrervortrag, erarbeitendes Unterrichtsgespräch)
3. Orientierung über größere Zusammenhänge durch Zeigen, Erklären und Verknüpfen
4. Lebendige Interaktion mit der Persönlichkeit der Lehrkraft
5. Modellbildende Funktion der Lehrkraft: Verhalten, Sprache, Methodik
6. Ermöglichung direkter Rückkopplungen an die Lernenden
7. Willkommene Entlastung für die SchülerInnen (innere Auszeit)
8. Kontinuierlicher Aufbau einer Gesprächskultur
9. Anwendung einer breiten Palette unterschiedlicher Lehrtechniken
10. Nutzung der Potenziale der ganzen Klasse bei Problemlösungen
11. Günstiges Verhältnis zwischen Aufwand und Ertrag (wenig Vorbereitung)
12. Beliebtheit bei SchülerInnen (Gefühl, etwas zu lernen und auf Prüfungen gut vorbereitet zu werden)

Frontalunterricht besser als offene Ansätze …

… aber schlechter für die Persönlichkeitsentwicklung

In **empirischen Studien** in Deutschland und weltweit erwies sich lehrerzentrierter Frontalunterricht aus **fachlicher** Perspektive als **effektiver** im Vergleich zu offeneren Ansätzen (Thaler 2008, 128 f.). Insbesondere leistungsschwächere SchülerInnen scheinen von einer klaren Unterrichtsstruktur, eindeutigen Maßstäben und effizienter Zeitverwendung zu profitieren. Im Englischunterricht stellte O'Neill (1991) die Überlegenheit von *teacher-centred classrooms* dem *plausible myth of learner-centredness* gegenüber. In den **Einstellungen und Persönlichkeitsvariablen** (Initiative, Problemlösen, soziales Verhalten, Lerneinstellungen, Verhalten zur Lehrperson) erreicht dagegen der traditionelle Unterricht **schlechtere** Werte. Allerdings sind die Resultate der verschiedenen empirischen Studien mit Vorsicht zu genießen, unterschiedliche Befunde sind auf ungelöste forschungsmethodologische Probleme zurückzuführen.

3 Offener Unterricht

Reformpädagogik und Öffnungsbewegung

Die Kritik an traditionellen Lehrformen hat die Forderung nach einer Öffnung des Unterrichts bestärkt. Als Wurzel dieser Öffnungsbewegung wird gemeinhin die **Reformpädagogik** ausgemacht. Attackiert wurde bereits zu Anfang des 20. Jahrhunderts die Lern-, Lehrer- und Wissensschule, die alte

Pauk- und Drillschule mit ihren traditionellen Merkmalen wie Erzwingung von Passivität (Stillsitzen – Zuhören – Wiedergeben), Zwangsdialog, Trennwand zwischen Lehrer und Schüler, Konkurrenzstruktur, Stoffhuberei, Streben nach Lückenlosigkeit, Methodenmonismus, autoritärem Unterrichtsstil, Beziehungslosigkeit zwischen einzelnen Lernbereichen, starre Stundenplanorganisation, Leblosigkeit, Abbau natürlicher Lernfreude, Angst. Montessori („Hilf mir, es selbst zu tun"), Kerschensteiner (Verbindung geistiger und manueller Arbeit), Gaudig (freie geistige Schularbeit), Otto (freies Unterrichtsgespräch), Petersen (Jena-Plan), Parkhurst (Dalton-Plan), Freinet (freies Schreiben, Ateliers) und andere werden als geistige Ziehväter und -mütter einer schulischen und unterrichtlichen Öffnung apostrophiert. Aber auch in anderen Bereichen waren Bestrebungen virulent, die Alternativen zum schriftsprachfixierten, lehrerdominierten, buchzentrierten, sprachbereinigten, fehlerfürchtenden, kleinschrittigen, enggeführten Englischunterricht suchten. Eine genauere **Ursachen**forschung wird deshalb neben reformpädagogischen Impulsen weitere Einflüsse erkennen (Thaler 2008).

Wurzeln des Offenheits-Paradigmas

Wurzeln	Beispiele
Philosophisch-erkenntnistheoretische Wurzeln	• Pragmatismus • Lebensphilosophie • Kritischer Rationalismus • Rezeptionsästhetik • Kritische Theorie • Postmodernismus
Anthropologisch-pädagogische Wurzeln	• Deweys und Kilpatricks Projektmethode • Freinets Arbeitstechniken • Montessoris Freiarbeit • Parkhursts Dalton-Plan • Petersens Jenaplan • Kerschensteiner, Gaudig, Otto, Steiner …
Sozioökonomisch-politische Wurzeln	• Poppers offene Gesellschaft • Bildungspolitische Reformimpulse • Wandlungsprozesse in Kindheit und Jugend • Strukturwandel und *soft skills*
Lernpsychologisch-spracherwerbstheoretische Wurzeln	• Piaget, Bruner, Aebli, Wygotsky • Konstruktivismus • Gestalttheorie • Theorie der multiplen Intelligenzen • Neuropsychologische Erkenntnisse

Wurzeln des Offenheits-Paradigmas

Wurzeln	Beispiele
Fremdsprachen-didaktisch-methodische Wurzeln	• Krise des Fremdsprachenunterrichts • Methodologischer Paradigmenwechsel • *Communicative Language Teaching* • *Fringe Methods*

Wer nach einer **Definition** von **offenem Fremdsprachenunterricht** sucht, kann sich an den folgenden **zehn Parametern** orientieren (Thaler 2008, 144 ff.):

Parameter offenen Fremdsprachen-unterrichts

Parameter	Erklärung
Kommunikative Offenheit	• *message before form* • Prozessorientierung • situative Flexibilität • pragmatische Aufgaben
Existentielle Offenheit	• Ganzheitlichkeit • Multimodales Lernen
Adressatenorientierte Offenheit	• Schülerorientierung • Differenzierung • Individualisierung
Interpersonelle Offenheit	• Schüler-Schüler-Interaktionen • Schüler-als-Lehrer-Situationen
Dezisionistische Offenheit	• Mitsprache der SchülerInnen • Autonomie und Selbstbestimmung
Textliche Offenheit	• Offenheit eines Textes • Erweiterung des Lesekanons • Offene Auseinandersetzung mit Texten
Mediale Offenheit	• Lehrwerk als Wegweiser • Auditive, visuelle, audiovisuelle, interaktive Medien
Lokale Offenheit	• Verbindungen mit Leben außerhalb der Schule • Partnerschaften, Experten, außerschulische Lernorte
Globale Offenheit	• geografisch-kulturelle Öffnung • inhaltliche Erweiterung der Themen • *global education*
Fachtranszendierende Offenheit	• fächerübergreifender Unterricht • fächerverbindendes Lernen

Ein Lernarrangement lässt sich nicht pauschal als offener oder weniger offen im Vergleich zu einem anderen Arrangement klassifizieren, weil viele

Konkretisierungen in der Praxis denkbar sind. Ungeachtet dieser Einschränkungen ist aber grundsätzlich **ein Englischunterricht umso offener**,

Ausprägung von Offenheit im Englischunterricht

a) je **mehr** von den **zehn Dimensionen** offenen Unterrichts (s. o.) vorhanden sind und
b) je **intensiver** die **einzelne Dimension** ausgeprägt ist.

Wer das Instrumentarium mathematisch-empirizistischer Methoden liebt, mag zum Zwecke individueller Profilerstellungen eine geometrische **Kurvenbestimmung** vornehmen – wobei die einzelnen Dimensionen auf der Horizontalachse und der Grad der Ausprägung (Intensität) auf der Vertikalachse angeordnet werden.

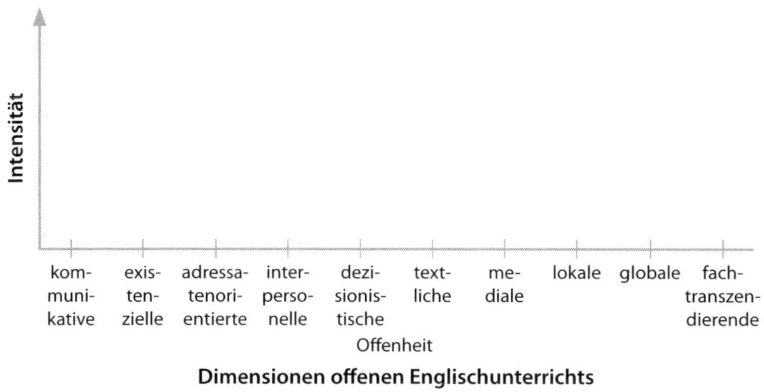

Matrix offenen Fremdsprachenunterrichts

Die einzelnen offenen Lernarrangements kann man in folgende **Klassifikation** einteilen, die neben Methoden auf der Makroebene auch Platz bietet für offene Verfahren und Techniken auf der mittleren und unteren Unterrichtsebene (Thaler 2008, 156 ff.).

Klassifikation offener Lernarrangements

Typen	Beispiele von Lernarrangements
Aufgabenorientierte Methoden	• *Task-Based* Approach • Projektarbeit • Freiarbeit • Wochenplan • Stationenlernen • *Storyline* • *Participatory Approach*

Klassifikation offener Lernarrangements

Typen	Beispiele von Lernarrangements
Spielorientierte Typen	• Lernspiele • Szenisches Spiel • Simulationen
Medienorientierte Ansätze	• *Music Based Language Learning* • *Film Based Language Learning* • *Internet Based Language Learning* • Selbstlernen • *Dogme Approach*
Fertigkeitsorientierte Verfahren	• *Extensive Reading* • *Discussions* • *Creative Writing* • Improvisationen • *Presentations* • *Narrow Listening* • *Wide Listening* • *Mediating*
Phasenorientierte Formen	• Offene Unterrichtseinstiege • Pausen • Überraschungstolerantes Unterrichten • Offene Unterrichtsausstiege
Sozialformorientierte Methoden	• *Cooperative Language Learning* • *Community Language Learning* • Lernen durch Lehren

All diese offenen Lernarrangements können zu einem **zeitgemäßen Fremdsprachenunterricht** beitragen. Sie versprechen Kommunikation, Handlungsorientierung, Lernerautonomie, Kreativität, Aktivität, Kooperation, Abwechslung und Motivation.

Probleme offener Unterrichtspraxis

Gleichwohl zeigen sich jenseits modischer *buzzwords* und theoretischen Rechtfertigungs-Ballasts konkrete **Probleme** in der Unterrichtspraxis:

- Leerlauf und Ineffizienz
- Muttersprache und *small talk*
- Aktion statt Reflexion
- Aufgeregtheit statt Aufmerksamkeit
- Chaos und Hektik
- Multimediales Talmi bei substanzieller Leere
- LehrerIn: Degradierung des *sage on the stage*
- SchülerInnen: Beförderung zum *producer of pulp*

Wenn zu oft offen gelernt wird, hört man nicht selten Schülerinnen und Schüler klagen: „Wann machen wir eigentlich wieder richtigen Unterricht?"

4 *Balanced Teaching*

Offene Lernarrangements sind nicht *per se* positiv – ebenso wenig wie geschlossene Methoden *per se* negativ sind. Die bisweilen anzutreffende Gleichsetzung von ‚offen' als gut, fortschrittlich, menschenfreundlich im Gegensatz zu ‚geschlossen' als schlecht, rückschrittlich, inhuman ist gleichermaßen kurzschlüssig wie polemisch. Es gibt **guten und schlechten Frontalunterricht**, genau so wie es **guten und schlechten offenen Unterricht** gibt.

*‚Gut' oder ‚schlecht' können Frontal- **und** offener Unterricht sein*

Die Verabsolutierung eines didaktischen Prinzips muss unweigerlich scheitern. Es existiert kein Lehr- oder Lernprinzip, das durchgängig gültig ist, weil die Welt eben nicht aus einheitlichen Grundsätzen heraus funktioniert. Die Mischung macht's – aber nicht als zielloses *anything goes*. Ein reflektierter Eklektizismus im Sinne einer zielorientierten **Integration** diverser methodischer Bauteile scheint die effektivste Unterrichtsform zu sein.

am effektivsten: reflektierter Eklektizismus

An Versuchen einer solchen **Synthese** gibt es in den **Nachbarwissenschaften** der Fremdsprachendidaktik inzwischen einige Vorbilder. So propagiert in der **Allgemeinen Pädagogik** Hilbert Meyer (1999, 426) sein **Drei-Säulen-Modell** aus lehrgangsmäßigem Fachunterricht, Freiarbeit (Stillarbeit, Wochenplan) und Projektarbeit (stabile Kleingruppen, Lernorte außerhalb der Schule).

In neueren Ansätzen der **Erwerbspsychologie** wird das konstruktivistische Erkenntnisparadigma immer stärker zugunsten einer **Konstruktivistischen Instruktion** oder eines Wissensbasierten Konstruktivismus relativiert. Reinmann-Rothmeier/Mandl streben eine „Balance zwischen expliziter Instruktion durch den Lehrenden und konstruktiver Aktivität durch den Lernenden" (2001, 627) an. Denn eine subjektive Konstruktion von *meaning* kann dem Lernenden nur gelingen, wenn er eine ausreichende Basis an Wissen zur Verfügung hat, aus der er konstruierend kreieren kann. Ohne jedwede instruktionale Unterstützung ist er überfordert und das Lernen damit nicht effektiv.

optimal: Balance von Instruktion und Konstruktion

In der **komparatistischen Bildungsforschung** plädieren schließlich Schaefer/Yoshioka (2000) für ein ***Balanced Thinking***. Unser Denken wolle einerseits ordnen, strukturieren, systematisieren, andererseits verstehen, kreieren, expandieren, ausgetretene Wege ebenso gehen wie unbekannte – schließen und öffnen eben.

Überträgt man diese Positionen auf den Bereich schulischer Unterrichtsmethodik, könnte man ein ***Balanced Teaching*** empfehlen, das offene ebenso wie eher geschlossene Techniken, Verfahren und Methoden verwendet. Eine solche Kombination fordern auch mit Vehemenz (fast) alle befragten Lehrkräfte (82 LehrerInnen an vierzehn Schulen von Hauptschule bis Gymnasium). Außerdem legen auch die Ergebnisse einer weiteren empirischen Studie an 37 Schulen diesen Ansatz nahe (Thaler 2008, 284 ff.).

Für dieses Konzept bietet sich das Bild der Balkenwaage an, wobei die beiden Unterrichtsprinzipien durch die Waagschalen, die Formvarianten der Balance durch die Balkenpositionen und die Einflussfaktoren durch die verschiedenen Gewichte repräsentiert werden.

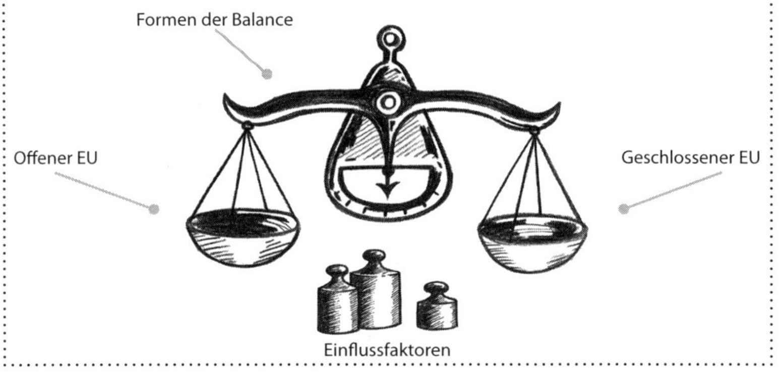

Balanced Teaching

5 Formen der Balance von Offen- und Geschlossenheit

Offenheit und Geschlossenheit kann grundsätzlich in **fünf** verschiedenen **Formen** (**Balkenpositionen**) ausbalanciert werden:

- additive Form (beliebige Aneinanderreihung offener und geschlossener Lernarrangements, z. B. zur Abwechslung)
- Sandwich-Form (alternierende Arrangements, z. B. Information – Verarbeitung – Information – Verarbeitung)
- komplementäre Form (sinnvolle Ergänzung zwischen geschlossener und offener Methode, z. B. Lehrervortrag zur Vermittlung des notwendigen literaturhistorischen Hintergrunds, selbstständige Anwendung an einem Textbeispiel)
- pragmatische Form (Vermeidung der Schwächen und Nutzung der Stärken von geschlossenen und offenen Verfahren)
- **gewichtsabhängige Form** (geprägt von den verschiedenen **Einflussfaktoren**: Lehrplan, Stundenplan, Räumlichkeiten, Lernziele, Lerninhalte, berufliche Biografie etc.)

jede Unterrichtsstunde in individueller Balance

Jede einzelne Unterrichtsstunde verlangt die ihr angemessene Methode bzw. den passenden Mix aus Lernarrangements. Ob dann in einer konkreten Unterrichtsstunde die eine oder andere Form dominiert, hängt davon ab, welche Unterrichtsform unter welchen Voraussetzungen geeigneter ist für die Förderung welcher Ziele.

Überträgt man die wirtschaftspsychologische Erkenntnis, wonach die Ausprägung des einen Handlungsmusters mit dem Verlust der Güter des anderen Musters bezahlt wird, auf *Balanced Teaching*, steigt bei dominantem Einsatz von geschlossenen Lernarrangements die Attraktivität des Gegenmusters; wenn dagegen Offenheit übertrieben wird, wachsen Sehnsüchte nach direktiv-geschlossenem Unterricht. So entsteht ein sich ständig änderndes Spannungsfeld zwischen Belehrung und Eigenerfahrung, Fremdbestimmung und Selbstbestimmung, Strukturierung und Spontaneität, Rezeptivität und Aktivität. Zwischen Offenheit und Verbindlichkeit besteht so nur ein scheinbarer Widerspruch.

Offen- und Geschlossenheit im Spannungsfeld

Balanced Teaching ist kein revolutionäres Konzept, erfordert kein methodisches Superwissen, sondern appelliert vielmehr an den Einsatz **gesunden Menschenverstandes**. Im **engeren Sinn** meint *Balanced Teaching* eine zielorientierte Kombination aus offenen und geschlossenen Methoden. In einem **weiteren Sinn** ist auch in folgenden Bereichen ein vernünftiges Gleichgewicht anzustreben:

viele Formen der Balance von Offen- und Geschlossenheit

- Standards: Balance zwischen Kompetenzen und Inhalten
- Kompetenzen: Balance zwischen verschiedenen Kompetenzen – und *skills*
- Themen: Balance zwischen Fremdsteuerung (Staat, Lehrer) und Selbststeuerung (Lernende)
- Verfahren: Balance zwischen *tasks* und *exercises*
- Fokus: Balance zwischen *fluency* und *accuracy*
- Schwierigkeitsgrad: Balance zwischen einfachen, mittleren und schwierigen Aufgaben
- Lehrerrolle: Balance zwischen *guide on the side* und *sage on the stage*
- Schülerrolle: Balance zwischen Wissen, Können und Handeln
- Gender: Balance zwischen weiblichen und männlichen Bedürfnissen
- Unterrichtszeit: Balance zwischen 45-Minuten-Stunden und *block scheduling*
- Raumarrangements: Balance innerhalb einer Fremdsprachenwerkstatt
- Lehrwerk: Balance zwischen Lehrwerk und alternativen Materialien
- Medien: Balance zwischen traditionellen und modernen Medien
- Leistungsmessung: Balance zwischen linguistischen und methodischen Kompetenzen, zwischen *discrete-point*, *communicative* und *integrative testing*, zwischen *teacher* und *self/peer assessment*, zwischen *teaching to test* und *teaching*

- Klassenzimmerdiskurs: Balance innerhalb von IRF (Impuls – Reaktion – Feedback)

Balanced Teaching *schlägt Brücken*

Balanced Teaching versucht Brücken zu schlagen. Geschlossener Englischunterricht bedeutet hier **nicht kleinschrittige Ideenlosigkeit und erstarrtes *Beybringen*.** Und offener Englischunterricht degeneriert **nicht zu *laisser faire* inklusive Reduzierung des Leistungsniveaus.** Offener Fremdsprachenunterricht heißt nicht unverbindliches Experimentieren und zielloses Eingehen auf jede kleine Anmerkung des Schülers. Wenn ich meine SchülerInnen zur Selbstständigkeit erziehen will, muss ich die Lernsituationen verbindlich und konsequent gestalten. Schließlich wird meine Klasse nicht autonom, bloß weil ich ihnen sage, heute sind wir mal autonom. Wer **A wie Autonomie** sagt, muss auch **B wie Betreuung** sagen.

Die **„Tugend als Mitte"** ist das A und O – für Aristoteles und Obama. Zur Balance neigt die antike Philosophie, Pachelbels Musik, Palladianische Architektur, die ausgewogene Ernährung, die *work-life-balance*-Glücksversprechen und die neue US-Außenpolitik: Die USA müssen „eine neue Strategie verfolgen, die gekonnt alle Instrumente amerikanischer Macht nutzt und ins Gleichgewicht bringt: Militär und Diplomatie, Geheimdienste und Rechtsstaatlichkeit, Wirtschaft und moralisches Vorbild" (Barack Obama, 1.12.2008). Der Fremdsprachenunterricht bedarf keiner neuen Strategie, sondern nur alter Weisheiten.

15 Lernarrangements

B

Aufgabenorientierte Methoden

Der Begriff *Aufgabe* erfreut sich seit einiger Zeit einer enormen Popularität, beim *Task Based Approach* (1.) dient er sogar als Namensgeber. Als eine Variante davon gilt gemeinhin der Projektunterricht (2.), wenngleich dieser früher geboren wurde. Aufgaben – im weitesten Sinne – bestimmen auch in unterschiedlichen Arrangements die Freiarbeit (3.), die Planarbeit (4.) und das Stationenlernen (5.). Während diese fünf Methoden zumindest in der fachdidaktischen Literatur sehr präsent sind, fristen *Storyline* (6.) – außerhalb Skandinaviens und des Freiburger Einzugsgebiets – und der *Participatory Approach* (7.) – außerhalb des amerikanischen Diskurses – ein stiefmütterliches Dasein.

1 *Task Based Language Learning*

Hintergrund

Durch die Einführung neuer Technologien entstand bei der **militärischen** Organisationsspitze in den 50er Jahren des 20. Jahrhunderts das Bedürfnis, die neuen Aufgaben genau zu erfassen. Deshalb wurde die *task analysis* als Beschreibung psychomotorischer Tätigkeiten für **berufliche** Aufgaben entwickelt.

Failure is not not reaching your goal, but in having no goal to reach.
Benjamin Mays

Auf sprachwissenschaftlichem Gebiet lieferte die **Zweitsprachenerwerbsforschung** Mitte der 80er Jahre die entscheidenden Impulse. Gemäß dieser widerspreche die Rolle formaler Grammatikarbeit den Lernprozessen natürlicher Lernsituationen außerhalb des Klassenzimmers. Die Auseinandersetzung mit *tasks* ermögliche günstigere Voraussetzungen für Sprachlernen. Werde ein naturalistischer Kontext für den Spracherwerb bereitgestellt, in dem die Beteiligten zum Aushandeln von Bedeutungen interagieren müssen, erfolge der Spracherwerb schneller. Entsprechend wurden aufgabenbasierte Lehr- und Lernpläne propagiert.

schnellerer Spracherwerb mit tasks

contra PPP

Dabei war auch eine Attacke auf das Konzept von **PPP** *(Practice – Presentation – Production)* unverkennbar. PPP betrachtet Sprache als eine Reihe von Produkten, die nacheinander gelernt werden können. Die neueren Studien zeigten aber, dass sich der Fremdsprachenerwerb als komplexer Prozess darstellt, der sich nicht in der Präsentation und Übung bestimmter abgeschlossener Produkte erschöpft.

Weiterentwicklung des kommunikativen Ansatzes

Fremdsprachenunterricht musste sich an anderen Konzepten orientieren, und so verstand sich *Task Based Language Learning* auch als eine Weiterentwicklung von **Communicative Language Teaching**. Es macht sich Prinzipien zu eigen, die für den kommunikativen Ansatz stets bedeutend waren – „activities that involve real communication … activities in which language is used for carrying out meaningful tasks … language that is meaningful to the learner" (RICHARDS/RODGERS 2001, 223; cf. auch ELLIS 2003, 27 f.).

Begriff

Rolle von Aufgaben

Task Based Language Learning (Teaching) versteht sich als ein Ansatz, der **Aufgaben** die wesentliche Rolle bei der Planung und Durchführung von Sprachunterricht zuweist. Sinnvolle Aufgaben als grundlegende Elemente sollen das Aushandeln von Bedeutung in der Kommunikation ermöglichen. Die SchülerInnen erlernen die Sprache, indem sie miteinander interagieren, während sie sich mit den Aufgaben beschäftigen. Der Fokus liegt dabei auf dem Prozess und weniger auf dem Produkt.

weak *vs* strong version

Ähnlich wie bei *Communicative Language Teaching* kann man auch hier zwischen einer **weak version** und einer **strong version** unterscheiden. Bei ersterer werden Aufgaben gelegentlich in traditionelle *language-based approaches* integriert – ELLIS nennt diesen Ansatz einschränkend *task-supported language teaching* (2003, 27). Die starke Variante betrachtet *tasks* dagegen als konstituierende Elemente des Unterrichts und baut ganze Lehrpläne und Sprachkurse darauf auf – nur dafür gewährt ELLIS die Bezeichnung *task-based language learning.*

tasks: *Definition und Merkmale*

Da *tasks* das zentrale Moment dieses Ansatzes darstellen, ist eine genauere **Definition** dieses Begriffs vonnöten. Für SKEHAN (1996, 20) sind *tasks* „activities which have meaning as their primary focus. Success in tasks is evaluated in terms of achievement of an outcome, and tasks generally bear some resemblance to real-life language use".

Eine hilfreiche Zusammenfassung bestimmender Merkmale findet sich bei WESKAMP (2001, 71), der *tasks* gegenüber **Übungen** abgrenzt, die weniger komplex, dafür mehr fertigkeitsorientiert und stärker auf Wiederholung angelegt sind. **Aufgaben** sind dagegen gekennzeichnet durch:

- Orientierung auf ein Ziel
- Notwendigkeit von Verstehen und Aushandeln von Bedeutung
- Primat der kommunikativen Orientierung
- Unterordnung der sprachlichen Realisierung unter die kommunikative Intention
- einen natürlichen Charakter
- Bezug zu Problemen im Alltagsleben
- ein zufriedenstellendes Ergebnis als Bedingung für erfolgreichen Abschluss

Eine ähnliche Aufstellung von *critical features* einer *task* nimmt Ellis (2003, 9 f.) vor: „workplan", „primary focus on meaning", „real-world processes of language use", „any of the four language skills", „cognitive processes", „clearly defined communicative outcome". Die Abgrenzung gegenüber *exercises* zieht er im Vergleich zu Weskamp stärker im Hinblick auf Fokus und Rolle der Lernenden: *tasks* sind primär *meaning-focused*, *exercises* primär *form-focused*; bei einer *task* agieren die Teilnehmer vorrangig als *language users* (Lernen erfolgt beiläufig), bei einer *exercise* vorrangig als *learners* (bewusstes Lernen).

tasks: spezielle Funktion

Aufgaben beim *Task Based Language Learning* haben eine andere **Aufgabe** als Aufgaben bei *Communicative Language Teaching* (oder anderen Methoden). Sie werden nicht geplant, um eine bestimmte kommunikative Funktion (oder irgendeine sprachliche Form) zu üben, sondern um eine lernprozessorientierte Lösung dieser Aufgabe in Gang zu setzen.

Ziele

Was die Ziele von *Task Based Language Learning* angeht, so führt Skehan die folgenden drei an (1996, 22 f.):

- *Accuracy*: regelgeleitete Genauigkeit der Sprachproduktion
- *Complexity*: Elaborierung der Sprachproduktion durch progressives Restrukturieren und Experimentieren mit der Sprache
- *Fluency*: flüssige Sprachproduktion ohne zu lange Pausen

sprachliche Ziele in Balance

Dabei wird eine **Balance** verschiedener Intentionen angestrebt, wobei die Verfolgung eines Ziels nicht zu sehr auf Kosten eines anderen gehen soll, die sprachliche Form also beispielsweise nicht auf dem Altar flüssigen Sprechens geopfert wird.

Bei diesem Ansatz stehen auch eindeutig die **sprachlichen Ziele** im Vordergrund. „The central purpose we are concerned with is language learning, and tasks present this in the form of a problem-solving negotiation between knowledge that the learner holds and new knowledge“ (CANDLIN/MURPHY 1987, 1). Der Vermittlungsprozess zwischen vorhandenem Wissen und neuem Wissen soll die sprachliche Entwicklung vorantreiben.

Unterrichtsgestaltung

Basis: Lernerbedürfnisse

Die unterrichtsorganisatorische Gestaltung von *Task Based Language Learning* fokussiert auf die *tasks*, die sich ihrerseits an den Lernern orientieren müssen, was eine gründliche Analyse der Lernerbedürfnisse erfordert. Die Berücksichtigung von Sprachstrukturen, Sprachfunktionen, Themen oder Fertigkeiten darf zwar nicht gänzlich unterlassen werden, aber entscheidendes Gewicht erhalten die Auswahl und Anordnung der **Aufgaben**.

Typisierung nach kognitiver Komplexität

Dabei ist eine Kategorisierung verschiedener **Aufgabentypen** hilfreich. WILLIS (1996) schlägt sechs Arten von Aufgaben vor, die nach zunehmender kognitiver Komplexität angeordnet sind:

- Aufzählen
- Ordnen, Sortieren und Klassifizieren
- Vergleichen und Zuordnen
- Lösen von Problemen
- Austauschen persönlicher Erfahrungen (und Erzählen von Anekdoten)
- Kreative Aufgaben und Projektarbeit

Typisierung nach Interaktionsform

Die Form der Interaktion nehmen PICA et al. (1993) als Ausgangspunkt ihrer Klassifikation:

- *Jigsaw tasks* (puzzleartiges Kombinieren von Informationsteilen)
- *Information-gap tasks*
- *Problem-solving tasks*
- *Decision-making tasks*
- *Opinion exchange tasks*

weitere Typisierungen

Daneben wurden noch weitere, auf binären Oppositionen bestehende Klassen vorgeschlagen, die sich auf verschiedenste Aspekte beziehen können (RICHARDS/RODGERS 2001, 234 f.):

- *one-way vs two-way* (Informationsfluss)
- *convergent vs divergent* (Ziel)
- *collaborative vs competitive* (Verhältnis der Lernenden)
- *single vs multiple* (Ergebnis)
- *simple vs complex* (sprachliche Anforderungen)
- *concrete vs abstract* (Sprachniveau)
- *simple vs complex* (kognitive Verarbeitung)
- *reality-based vs not reality-based/pedagogical* (Realitätsbezug)

Eine allgemein akzeptierte Typologie von Aufgaben existiert nicht. Aufgrund dieser Erkenntnis begnügt sich ELLIS (2003, 217) mit einem allgemeinen **task framework**, das frühere Typologisierungen aufnimmt und systematisiert. Dabei stellen Input (z. B. Bildimpuls oder schriftliches Medium, enge oder lose Organisationsstruktur), Bedingungen (z. B. *split* oder *shared information configuration*), Prozesse (z. B. Austausch von Informationen oder Meinungen, monologischer oder dialogischer Diskurs) und Ergebnisse (z. B. festgelegt oder offen) die entscheidenden Parameter dar.

Typisierungen integriert: task framework

Neben der Auswahl des Aufgabentyps sind Entscheidungen über den thematischen **Inhalt** von *Task Based Language Teaching* zu treffen. Eine nützliche Hilfe bieten hier ESTAIRE/ZANON (1994, 21) mit ihrem *theme generator* an. In konzentrischen Kreisen werden thematische Felder bereitgestellt, die sich mit zunehmender Distanz vom Mittelpunkt immer weiter von den Lernenden entfernen. Für jedes Feld (*students – homes – school life – the world around us – fantasy*) gibt es mehrere spezifische Themen, die auf konkreten Unterrichtserfahrungen von Lehrkräften beruhen.

tasks: *Themen und Inhalte*

Um den Lerneffekt zu optimieren, muss die Frage der **Sequenzierung** gelöst werden, wobei sich die Reihenfolge der Aufgaben vor allem am Schwierigkeitsgrad orientiert. Die Beurteilung der Schwierigkeit einer Aufgabe ist allerdings schwierig, da von vielen Faktoren abhängig, z. B. Art und Komplexität der Aufgabe, Form des Ausgangstextes, das für die Lösung benötigte Sprachmaterial, nötige Prozeduren für die Umwandlung von Input in Output, verfügbare Informationsquellen, frühere Lernerfahrung, Hilfen, Zeit, Gruppengröße, Lernstile, Motivation. Die *task difficulty* machen also unterschiedlichste Momente aus, die sich auf die Aufgabe, den Lerner und das Umfeld beziehen. Sorgfalt bei der Gestaltung des Schwierigkeitsgrades ist aber nötig, um sowohl Unter- als auch Überforderung zu vermeiden. Unterstützung bei dieser Aufgabe erhält man von ELLIS' Matrix, die anhand von 15 Kriterien leichte und schwere *tasks* gegenüberstellt (2003, 228).

tasks: *Sequenzierung nach Schwierigkeit*

Was die Gestaltung einer **task-based lesson** betrifft, wurden verschiedene Vorschläge unterbreitet. Sie stimmen aber alle darin überein, dass der konkrete Unterricht in drei chronologisch aufeinander folgenden **Phasen** abläuft. In der inhaltlichen Füllung unterscheiden sie sich wieder; das wohl bekannteste und einflussreichste Modell stammt von WILLIS (1996):

Stundengestaltung: phasenorientierter Ansatz

(1) ***pre-task:*** In der ersten Phase werden die SchülerInnen in die Themen- und Aufgabenstellung eingeführt, wobei Schlüsselvokabular vorentlastet und eine ähnliche Aufgabe wie die kommende durchgespielt wird; als *lead-in* kann etwa eine Videoaufnahme von *native speakers* oder ein Textausschnitt dienen.

(2) ***task cycle:*** Dieser umschließt drei Unterschritte, i. e. die Aufgabenbearbeitung, die Planung des Resultats und die Präsentation dieses Ergebnisses. Die Bearbeitung der Aufgabe erfolgt in Partner- oder Gruppenarbeit, die Lehrkraft beobachtet aus der Distanz und ermutigt kommunikative Absichten, und die SchülerInnen dürfen ziemlich frei mit der Sprache experimentieren. Bei der Resultatsplanung überlegen sich die Lernenden, wie sie die Aufgabe angegangen sind, was sie beschlossen oder entdeckt haben; die Lehrkraft fungiert hier vor allem als sprachlicher Ratgeber. Die Präsentation vor der ganzen Klasse kann entweder mündlich oder schriftlich erfolgen, wobei die Lehrkraft als *chairperson* agiert.

(3) ***language focus:*** In der letzten Phase steht die sprachliche Struktur im Zentrum. Sie umfasst einen Analyse-Teil (*analysis*: Untersuchung bestimmter Merkmale des Textes oder Audioskripts) und einen Übungs-Teil (*practice*: Übung lexikalischer und struktureller Elemente der verwendeten und präsentierten Texte); diese Übungen – nicht Aufgaben – zu formalen Aspekten der Sprache dienen der Entwicklung von Sensibilität für Form und Funktion von Sprache.

Mit den drei (bzw. sechs) Komponenten soll ein Lernrahmen geschaffen werden, der optimale Bedingungen für den Spracherwerb bereitstellt – *exposure, use of language, motivation, focus on language* – und ein *rich learning environment* für unterschiedliche Lerntypen darstellt.

Stundengestaltung: prozessorientierter Ansatz

Neben diesem phasenorientierten Ansatz gibt es auch noch eine stärker **prozessorientierte Variante** von *Task Based Language Learning*. Sie beruht auf der Annahme, dass Sprachlernen als Prozess gesehen werden muss, der sich aus der kommunikativen Interaktion entwickelt. Entsprechend entscheiden LehrerInnen und SchülerInnen gemeinsam, welche Aufgaben gemacht werden (Larsen-Freeman 2000, 149).

Um erfolgreiche Stunden zu erreichen, werden immer wieder bestimmte **Prinzipien** empfohlen:

- *Expose students to worthwhile authentic language.*
- *Choose a wide range of target structures.*
- *Ensure a suitable level of task difficulty.*
- *Aim at fluency, accuracy and complexity.*
- *Establish clear goals for each unit.*
- *Convince students of the utility of the task.*
- *Have students play an active role as language users.*
- *Encourage students to take risks.*
- *Guarantee a primarily meaning-focused discourse.*
- *Do not forget form-focused activities.*
- *Have students evaluate their progress.*

Weiterentwicklung: Szenarien

Eine neuere – deutsche – Variante von *Task Based Language Learning* stellen die **Szenarien** von Piepho (2003) dar:

> *It is a theme and task-centred mode of teaching and learning which results from a joint process of negotiation between all participants. It allows for a wide scope of self-determined action for both the individual and the small group of learners within a general framework of a plan which defines goals and procedures.*

Sowohl die lehrwerkbasierten als auch die freien Szenarien stellen einerseits eine planvolle Unternehmung, eine von der Lehrkraft (als Regisseur) gesteuerte Inszenierung dar, andererseits ermöglichen sie verschiedene Abläufe und sollen dadurch zu einer Individualisierung, Flexibilisierung und Ergänzung der Lehrbucharbeit beitragen.

Ergebnisse

wenig empirische Studien

Die empirische Bewertung von *Task Based Language Teaching* hinkt der theoretischen Forschung hinterher. Auf einer **Mikroebene** existieren zwar inzwischen bereits eine Fülle kleinerer Studien zu punktuellen Aspekten des Themengebiets. So wurden u. a. Schwierigkeitsgrad einer *task*, Wirkungen bestimmter *tasks*, Diskursmerkmale, Ziele, Teilnehmer erfasst und beispielsweise festgestellt, dass Interaktionen wahrscheinlicher sind, wenn Informationen zwischen den Teilnehmern verstreut sind, oder der Informationsgehalt ein ausgewogenes Maß haben muss, um Über- oder Unterforderung zu vermeiden.

Was die empirische Überprüfung aber in konkreten Unterrichtskontexten betrifft, gibt es erstaunlich wenig Studien: „No more than a handful of evaluations“ macht Ellis (2003, 323) aus. Dieser Mangel trifft für die **Mesoebene** zu, wo das Untersuchungsobjekt eine einzige Aufgabe ist, und noch stärker für die **Makroebene**, wo ein ganzer *task-based course* untersucht wird. Tendenziell ergeben die Studien ein **positives Bild** der Methode. Die Lernenden begrüßten die neuen Verfahren, arbeiteten recht effektiv und erwarben nicht explizit gelehrte Strukturen schneller. Allerdings legt Ellis (Ib.) nicht eine systematische Übersicht über die Resultate empirischer Forschung dar, sondern ist mehr an den prinzipiellen Einsatzmöglichkeiten bestimmter Forschungsdesigns interessiert. Um zu beurteilen, „whether task-based teaching ‚works', i. e. achieves its objectives, in particular contexts“ (Ellis 2003, 323), sind vor allem auf der Makroebene noch weitere Untersuchungen vonnöten.

tendenziell positiv

positive Praxiserfahrungen

Auch die **Erfahrungsberichte deutscher Praktiker und Fachdidaktiker** kommen zu einer positiven Bewertung der Aufgabenorientierung im Fremdsprachenunterricht. Müller-Hartmann/Schocker-von Ditfurth weisen darauf hin,

> *dass wir bei aller noch ausstehenden Forschung durch jahrelange praktische Unterrichtstätigkeit erfahren konnten, dass sich aufgabenorientiertes Lernen positiv auf den Umfang und die Qualität des fremdsprachlichen Outputs auswirkt.* (2004b, 18)

Beurteilung

Aufgaben gab es natürlich schon immer. Der besondere **Verwendungszweck** der *tasks* bei *Task Based Language Learning* unterscheidet diese Methode allerdings von anderen Ansätzen, die ebenfalls Aufgaben verwenden:

> *It is the dependence on tasks as the primary source of pedagogical input in teaching and the absence of a systematic grammatical or other type of syllabus that characterizes current versions of TBLT.* (Richards/Rodgers 2001, 241)

wertvoll für produktiven Spracherwerb

Unbestritten dürfte auch der Wert von *tasks* für einen **produktiven Spracherwerb** sein. Die Lernenden erhalten genügend Input in der *pre-task* Phase, und auch während des *task cycle* wird mündliches und schriftliches Sprachmaterial angeboten. Der *task cycle* gibt ihnen reichlich Gelegenheit, die Fremdsprache zu verwenden, sowohl im Kleingruppengespräch als auch im Präsentations-Stil. Kurzfristige Motivation entsteht durch das Bedürfnis, die Aufgabe zu einem erfolgreichen Abschluss zu bringen, und wenn dies gelingt, kann längerfristige Motivation wachsen.

Insbesondere wenn man die letzte Phase betrachtet, muss auch mit dem Vorurteil aufgeräumt werden, *Task Based Language Learning* bedeute *forget the grammar*. Bei den *analysis* und *practice activities* steht die **sprachliche Form** im Zentrum der Aufmerksamkeit; aber auch die Notwendigkeit, einen Bericht vor der ganzen Klasse abzugeben, führt zu einem *focus on form* schon während des *task cycle*.

tasks *und Arbeit am Sprachsystem*

Die tendenzielle **Offenheit** des Ansatzes zeigt sich schon bei diesen *language analysis activities*. Die SchülerInnen werden oft ermutigt, das Sprachmaterial selbstständig zu erforschen. Als Analysematerial können auch Audio/Video-Aufzeichnungen eingesetzt werden, die in den vorangegangenen Phasen gemacht wurden und nun zu linguistischen Entdeckungsreisen einladen. Diese Offenheit des Unterrichts wird aber noch deutlicher während des *task cycle*. Die Lernenden interagieren ziemlich frei in Paaren und Kleingruppen. Sie können mit der Fremdsprache mündlich und schriftlich experimentieren – ohne Angst davor, Fehler zu machen und öffentlich korrigiert zu werden. Da sie Informationen verarbeiten müssen, wozu ihnen oft die notwendigen sprachlichen Voraussetzungen fehlen, kommen Strategien wie *guessing*, *paraphrasing*, *asking for clarification* und *consulting* zum Tragen.

Offenheit

Nimmt man ELLIS' Liste typischer Klassenzimmerprozesse, dann zeigt sich eine große Nähe zu den Merkmalen offenen Unterrichts:

- *loose discourse structure*
- *students' control of topic development*
- *self-selected turn-taking*
- *referential questions*
- *wide range of language functions for students*
- *much negotiation of meaning*
- *message-oriented scaffolding*
- *content-focused feedback*
- *student-centred repetition*

In der **Unterrichtspraxis** stellt sich aber erstens die Frage, ob Lehrende und Lernende Sprache tatsächlich als *tool* einsetzen and ihre eigene Rolle wirklich als *language users* internalisieren, wo beide doch wissen, dass ihre Existenzberechtigung das Lehren respektive Lernen der Sprache ist. Führen *tasks* wirklich zu einem natürlichen, kommunikativen Sprachgebrauch, der den Spracherwerb fördert? Kann *playing the communicative game* ausreichende situationelle und interaktionale Authentizität produzieren? Eine

tasks *und kommunikativer Sprachgebrauch: Illusion*

wesentliche Voraussetzung für das Gelingen des *task cycle* liegt in der Qualität der *negotiation of meaning*, des für die Entwicklung der *interlanguage* wichtigen Aushandelns von Bedeutungen. Diese Aushandlungs-Qualität ist ihrerseits von mehreren Faktoren abhängig: etwa von der Bereitstellung unterschiedlicher Informationen für die Gruppenmitglieder, vom Erfordernis symmetrischer Interaktion, von der Konsensnotwendigkeit auf eine gemeinsame Lösung hin, von der Vertrautheit der Gruppenmitglieder und von früheren Erfahrungen mit dieser Methode (WESKAMP 2001, 73).

Neben dem **Illusions-Einwand** bleibt zweitens zu fragen, ob die intendierten interaktionalen Prozesse auch tatsächlich in dieser Form und Intensität ablaufen. Es wird häufiger minimalisierter und **pidgin-ähnlicher Sprachgebrauch** festgestellt. Der restringierte Code mag dem Wesen einer Aufgabe entspringen: nämlich der Zielstellung, primär ein bestimmtes Resultat zu erreichen.

Öffnungsgrade

Der **Grad der Offenheit** bei dieser Methode ist variabel und hängt von mehreren Faktoren ab. Einen hohen Öffnungsgrad erreicht man, wenn man einen **Ansatz** wählt, bei dem Lehrende und Lernende gemeinsam die Wahl der Aufgabe vornehmen. Richtet man den Blick auf die prozedurale Variante (WILLIS 1996), so ändert sich das Ausmaß der Lehrersteuerung zwischen den einzelnen Phasen: Die *pre-task stage* ist normalerweise lehrerzentriert; die zweite Phase öffnet sich am weitesten, die SchülerInnen erhalten den größten Spielraum, wenngleich die Zielvorgabe der Aufgabe regulierenden Charakter hat; der *language focus* kann eher lehrer- oder eher schülerzentriert gestaltet werden.

Hier zeigt sich auch die Abhängigkeit des Öffnungsgrades von der **Lehrkraft**. Sie kann entscheiden, wie stark dirigierende Momente eingesetzt werden, etwa knappe Zeitlimits oder lehrerdominierte Phasenanfänge und -abschlüsse.

Betrachtet man schließlich die **Aufgabentypen**, so steigt die Offenheit tendenziell mit zunehmender kognitiver Komplexität der Aufgabe: Das Auflisten mehrerer Stichpunkte öffnet den Unterricht weniger als die kreative Arbeit an einem größeren Projekt.

Aus diesen Gründen sind die Aussagen zweier Teilnehmer an einem Workshop zu diesem *approach* nur bedingt zutreffend: „Task-based learning is like an adventure – learners surprise you by coming up with all kinds of things." – „Exploring language in this way opens up whole new vistas" (zit. nach WILLIS 1998, 1). *Task Based Language Learning* ist zwar ein Abenteuer, aber mit beschränkter Offenheit. Der Rahmen lässt der Lehrkraft genügend Kontrollmöglichkeiten. „While it may be true that TBL is an adventure, it can be undertaken within the safety of an imaginatively designed playground" (WILLIS 1998, 3).

2 Projektunterricht

Hintergrund

„Geboren" wurde der Ausdruck *Projekt* bereits vor der Mitte des 19. Jahrhunderts, als sich im Gefolge der industriellen Revolution **Polytechnische Hochschulen** gegen die Anhäufung enzyklopädischen Detailwissens wandten, den Fächerkanon um Technik und Werken erweiterten und bei der Lehre auf die Planung und Realisierung von *projets* setzten (FREY 1990, 30 f.). Ihre Studenten der Ingenieurwissenschaften mussten am Lehrgangsende ihr neues Wissen selbstständig anwenden und beispielsweise eine Maschine, ein Haus oder eine Brücke entwerfen.

Auch Kopfarbeit sollte Hand und Fuß haben.
Anonym

Man könnte das Geburtsdatum auch noch weiter zurücklegen und COMENIUS posthum zum eigentlichen Vater der Projektidee ernennen. Sein spracherwerbsbezogenes Credo lautete, dass man Tätigkeiten im Tun erlernen sollte.

Als die wahren Väter der Projektmethode lassen sich aber JOHN DEWEY (1859–1952) und WILLIAM HEARD KILPATRICK (1871–1965) identifizieren, die auf der philosophischen Basis des amerikanischen Pragmatismus (CHARLES PEIRCE, WILLIAM JAMES) das Postulat **learning by doing** um die Jahrhundertwende (vom 19. zum 20. Jahrhundert) populär machten. Beide gingen vom Primat des praktischen Handelns aus und forderten eine entsprechend pragmatische Erziehung, die Lernen in realen Handlungssituationen ermöglicht und dadurch die Persönlichkeit des Lernenden stabilisiert. Mit Hilfe des Projektunterrichts versuchte DEWEY, eine Symbiose zwischen Theorie und Praxis, Schule und Leben zum Nutzen aller herzustellen. Und auch KILPATRICK machte die Schülerinteressen zum Ausgangspunkt des Unterrichts.

Pragmatismus: Basis der Projektmethode

DEWEY und KILPATRICK (sowie HELEN PARKHURST) beeinflussten mit ihrer **pädagogisch-pragmatischen** Projektidee auch die europäische Erziehungslandschaft in der ersten Hälfte des 20. Jahrhunderts. In Deutschland spielte diese Konzeption vor allem in der **Arbeitsschulbewegung** der Weimarer Zeit eine große Rolle; in Russland waren das **Industrieschulkonzept** von BLONSKIJ und die Kolonie-Arbeitsschulerziehung von MAKARENKO prägend. KERSCHENSTEINER, aber auch PETERSEN und GAUDIG forderten gruppenspezifisches Arbeiten und wollten die Schülerinteressen berücksichtigt wissen. Hinsichtlich des Projektgedankens wurde aber KERSCHENSTEINERS Schüler OTTO SCHEIBNER

Arbeitsschule und Projektgedanke

(1877–1961) noch wegweisender, weil er in seiner Arbeit „Zwanzig Jahre Arbeitsschule in Idee und Gestaltung" ein didaktisches Modell aufeinander folgender Arbeitsschritte konzipierte: Erfassen des Arbeitsziels – Suchen und Ordnen der Arbeitsmittel – Entwerfen des Arbeitsplans – Ausführen der Arbeitsschritte – Beurteilen des Arbeitsergebnisses. Diese Arbeitsfolgen nahmen spätere Phasenkonzepte vorweg.

revival *der Projektidee*

Aufgrund bildungspolitischer und fremdsprachendidaktischer Umbrüche gelangte die Projektidee seit Ende der 60er Jahre wieder verstärkt ins Zentrum des Interesses. Die **Gesamtschulen** versprachen sich von der Projektidee einen Beitrag zur Überwindung verkrusteter schulischer Strukturen. Die **kommunikative Wende** beklagte die *talking heads* (und *bodiless mouths*), den Verlust von Körper und Produktivität und sah im Projektunterricht die Chance zur Neuorientierung.

Begriff

Merkmale von Projektarbeit

Die wesentlichen **Merkmale** von Projektarbeit sind:
- Thematische Begrenzung
- Zeitliche Begrenzung
- Lernzieltransparenz
- Mitbestimmung
- Aktivität
- Kommunikativer Zweck
- Zusammenarbeit
- Produktbezug

Definition

Die wohl präziseste Definition liefern LEGUTKE/THOMAS (1991, 160):

> *It is a theme and task-centred mode of teaching and learning which results from a joint process of negotiation between all participants. It allows for a wide scope of self-determined action for both the individual and the small group of learners within a general framework of a plan which defines goals and procedure.*

terminologische Breite

Neben dem Terminus **Projektunterricht** stößt man auch auf **ähnliche Begriffe**, beispielsweise **Projektarbeit, Lernen in Projekten** oder **Projektwoche.** KIEWEG (1999b, 18) schlägt die Abgrenzung zwischen vier verwandten Termini vor:
- **Projektunterricht:** allgemein gültiges Unterrichtskonzept, geprägt durch Selbstbestimmung und Selbsttätigkeit der Lernenden

- **Projektbezogener Fachunterricht:** nach den Prinzipien des Projektunterrichts durchgeführter Fachunterricht ohne Überschreitung der Fachgrenzen
- **Fachbezogenes Unterrichtsprojekt:** innerhalb eines Unterrichtsfaches durchgeführtes, zeitlich begrenztes Projekt
- **Projektwoche:** Woche, in der alle Klassen (SchülerInnen) einer Schule ein Projekt durchführen und präsentieren

Aus dieser Differenzierung ist zu schließen, dass die Projektwoche an vielen Schulen während der letzten Schultage vor den Sommerferien weite Verbreitung findet, dabei häufig auf einen oder zwei Tage beschränkt wird. Der Regelfall während des Schuljahres ist die gelegentliche Durchführung eines fachbezogenen Unterrichtsprojekts beschränkter Dauer.

Ziele

Projektunterricht tritt mit hohen **Ansprüchen** auf.

Der projektbezogene Unterricht will zur Emanzipation der Lernenden beitragen, wobei der ‚Primat der Instruktion durch den Lehrenden' vom ‚Primat der selbstständigen Konstruktion des Wissens durch die Lernenden' abgelöst werden soll. (Kieweg 1999a, 4)

Teilziele von Projektarbeit

Die folgenden **Teilziele** werden immer wieder genannt:

- Authentizität
- Handlungsorientierung
- Lernerorientiertheit
- Öffnung des Klassenzimmers (nach außen, von außen)
- Eigenverantwortliches Arbeiten
- Exemplarisches Lernen
- Experimentelles Erfahrungslernen
- Lernen mit modernen Medien
- Autodidaktisches und autonomes Lernen
- Organisationstüchtigkeit
- Interdisziplinarität
- Mitbestimmungsorientierung
- Sozialintegrative Orientierung
- Lerntypspezifisches Lernen
- Multikulturelles Lernen
- Kognitiv-konstruktivistisches Lernen
- Problembewältigung

- Kompetenz zur zielgerichteten Planung
- Prozess- und Produktorientierung
- Orientierung an der Lebenspraxis

Ziel: kommunikative Kompetenz

Diese lange Liste intendierter Wirkungen mag den Eindruck erwecken, dass **sprachpraktische Ziele** vernachlässigt würden. Dennoch bleibt die Ausbildung der kommunikativen Kompetenz ein wichtiges Ziel, wobei LEGUTKE/THOMAS (1991, 265) den vier Teilkompetenzen von CANALE (*linguistic competence, sociolinguistic competence, strategic competence, discourse competence*) als fünfte die *intercultural competence* hinzufügen und überdies für *project classrooms* eine *process competence* spezifizieren, die Kenntnisse und Fähigkeiten im Umgang mit der eigenen Person, der Gruppe und dem Lernprozess umfasst.

Projektlernen: ganzheitliche Sicht auf Sprache

Auch was die zu erlernende **Sprache** betrifft, ergeben sich andere Blickwinkel. Das sprachliche Material wird nicht vorstrukturiert, sondern ist projektspezifisch. Die einzelnen Fertigkeiten werden überdies nicht isoliert trainiert, sondern kombiniert in einem *integrated approach*. Die Sprache wird beim Projektlernen ganzheitlich gesehen (*whole language*), und die Betonung der Sprachverwendung (*language in use*) weist explizite Grammatikarbeit in die Schranken, ohne ihr die dienende Funktion für kommunikative Zwecke abzusprechen.

Unterrichtsgestaltung

BASTIAN und GUDJONS, die Ende der 80er und Anfang der 90er Jahre engagiert für Projektlernen eingetreten sind, haben mit ihren Projektbüchern I und II praktikable Grundlagen für entsprechende Vorhaben bereitgestellt; darunter befinden sich auch einige Anregungen für den Fremdsprachenunterricht (BASTIAN/GUDJONS 1988; BASTIAN/GUDJONS 1990; cf. auch das Praxisbuch von HÄNSEL 1999).

Projektplanung

Als bestimmendes **Organisationsprinzip** wird gemeinhin *backward planning* betrachtet (LEGUTKE/THOMAS 1991, 167). Nachdem sich Lehrende und Lernende auf ein Thema geeinigt haben, werden die Schritte festgelegt, die auszuführen sind, um das anvisierte Ziel zu erreichen. Bei diesem Planungsprozess arbeitet man sich somit sukzessive zurück, bis man am Ausgangspunkt der Projektdurchführung angelangt ist.

Projektphasen

Der Verlauf eines Projekts kann in verschiedene **Phasen** eingeteilt werden. FRIED-BOOTH (1986, 6) setzt drei Stufen gemäß der jeweils dominierenden Aufgabe an: *classroom planning, carrying out the project, reviewing and monitoring the work*. Bestimmend dabei ist ein zyklisches Muster, denn der Beginn erfolgt im Klassenzimmer, danach wird die Außenwelt angesteuert (*moving out into the world*), und am Ende kehrt man ins Klassenzimmer zurück. Ein präzises Projektmodell mit sechs Phasen entwirft LEGUTKE: *opening, topic orientation, research and data collection, preparing data presentation, presentation, evaluation* (LEGUTKE/THOMAS 1991, 169–201). Wenn auch die einzelnen Modelle gewisse Unterschiede aufweisen, so ähneln sie sich doch weitgehend. Die folgenden fünf Phasen – mit den entsprechenden Aktivitäten – umfasst ein Projekt im Regelfall:

Phasen und Aktivitäten beim Projektunterricht

Phase	Aktivitäten
1. Projektidee	• Sensibilisierung • Aktivierung von Vorwissen • Schärfung des Problembewusstseins • Gemeinsame Zieldefinition • Fixierung des Ziels im Klassenzimmer • Motivierung
2. Projektplanung	• Untergliederung des Themas in Teilthemen • Formulierung von Hypothesen • Bildung von Gruppen • Festsetzung des Teilnehmerkreises • Bestimmung von Informationsquellen • Festlegung von Planungsschritten • Einigung auf einen Zeitrahmen • Fixierung eines Arbeitsplans • Einladen von Experten • Bestimmung des finanziellen Budgets • Vorentlastung sprachlicher Mittel
3. Projekt-durchführung	• Ausführung der Aufgaben • Kontakt mit außerschulischen Institutionen • Beschaffen von Informationen • Sichtung, Ordnung, Auswertung der Quellen • Herstellung von Materialien • Zwischenbilanzen
4. Projektpräsentation	• Vorbereitung der Präsentation • Entscheidung über Darbietungsformen • Wahl des Präsentationsortes • Beschaffung von Geräten • Einladen von Zuschauern • Vorstellen des Produkts
5. Projektevaluation	• Auswertung des Projekts • Beurteilung des Produkts • Beurteilung des Prozesses • Erweitern des Erkenntnishorizonts • Aufarbeiten sprachlicher Defizite

Themen und Inhalte von Projektunterricht

Die **Themen** und **Inhalte** des Projektunterrichts hängen von den Zielen (vgl. oben) ab, insbesondere der Lernerorientierung: Was interessiert und motiviert die SchülerInnen? Da die individuellen Interessen- und Motivationslagen sehr zahlreich sind, ergibt sich eine pluralistische Themenauswahl. Simplifizierend könnte man sagen: „Didaktisch erlaubt ist, was gefällt und handlungs- sowie sprachaktiven Erfolg verspricht – für jede Klassen- bzw. Lernstufe" (Apelt 1993b, 382). Die Themen sollten einen direkten Bezug zur jugendlichen Lebensrealität haben, ein zu lösendes Problem aufweisen, die Auffächerung in verschiedene Facetten erlauben, aktuelle Bezüge haben und sprachaktives Handeln ermöglichen, „denn die ‚materielle' Substanz (Sprachstoff) dient in erster Linie geistig-sprachlicher Kompetenz (Sprachvermögen bzw. -können)" (ib.). Apelt macht vier Themenkreise als sprachlich-thematische Grundlage für Projektlernen aus (1993b, 383):

- Themen aus der näheren Erfahrungswelt der SchülerInnen
- Themen aus dem landeskundlichen Bereich
- Themen zur Begegnung der Lernenden mit *native speakers*
- Themen aus literarischen Materialien

Die folgende Tabelle gibt einen Überblick über 36 fruchtbare Themenstellungen, gegliedert nach den drei Bereichen der Sekundarstufe (cf. u. a. Kieweg 1999a, 6 f.). Die Aufteilung dient nur als grober Orientierungsrahmen und soll nicht suggerieren, dass ein Thema nur in einer bestimmten Stufe erfolgreich eingesetzt werden kann. Grundsätzlich gibt es keine starre Zuordnung zwischen Thema und Altersklasse, da ein Thema in unterschiedlicher Differenzierungstiefe bearbeitet werden kann, aber anspruchsvollere Themen bleiben natürlich eher den höheren Lernstufen vorbehalten.

Bewährte Projektthemen

Unterstufe	Mittelstufe	Oberstufe
• *English language survey* • *My house/home* • *Our town/city* • *My pet* • *Interview with an au-pair girl* • *American calendar* • *American Germany* • *The Indians* • *English recipes*	• *Summer jobs* • *The dangers of smoking* • *Pop music* • *Music videos* • *Making a classroom library* • *Stop vandalism* • *Making a tourist guide* • *Prejudices and stereotypes*	• *Animal testing – pros and cons* • *No war!* • *The language of ads* • *English outside the classroom* • *Cloning* • *Violence in soccer* • *Rules for student behaviour*

Unterstufe	Mittelstufe	Oberstufe
• *Making a Halloween lantern* • *Making a holiday calendar* • *Language bath in Germany*	• *Job hunting* • *Producing a video* • *Email projects* • *Airport*	• *Tabloids* vs *quality papers* • *Final exams in Europe* • *Ireland* • *Working abroad* • *Drugs*

Methodik

Ähnlich wie bei den Themen gilt auch für die **methodischen Mittel** eine pluralistische Auswahl: „Alle möglichen sind erlaubt, die die Lerner ansprechen und ihre Sprachinitiative sowie ihr Mitdenken, sprachliche und geistige Initiative sowie ihr persönliches Engagement fördern" (Apelt 1993b, 383). Eine Unterscheidung der methodischen Verfahren in rezeptive und produktive Verfahren macht nur in analytischer Hinsicht Sinn, da gemäß Intention des Projektunterrichts ein *integrated approach* verfolgt wird. Grundsätzlich ist ein variabler und multifunktionaler Einsatz verschiedener Mittel und Wege angeraten, wobei handlungsorientierte Aufgaben (z. B. Sammeln von Informationen) und kooperative Verfahren (z. B. und besonders der Dialog) im Vordergrund stehen.

Ergebnisse

Projektmethode: Produktivität

„Niemand hat mit empirischen Mitteln exakt nachgewiesen, was die Projektmethode leistet und was sie nicht leistet." Ein derart pessimistisches Fazit zieht Frey (1999, 159), um sogleich „wundervolle Hinweise auf die Produktivität der Projektmethode" (ib., 159 f.) zu entdecken. Er bezieht sich dabei auf Ergebnisse in den Bereichen Entdeckendes Lernen, Abenteuer- und Überlebensprogramme im Freien (*outdoor camps*), Computer und Multimedia sowie offen gestaltetes Fallstudienlernen. Wenngleich diese Methoden zum Projektunterricht vergleichbare Elemente aufweisen, können deren Ergebnisse doch nur in sehr eingeschränktem Maße herangezogen werden.

Projektberichte und -evaluationen

Sieben selbst durchgeführte *full-scale projects* beschreibt Fried-Booth, wobei sich die Evaluation auf das Pauschalurteil beschränkt, dass sie sich als „successful" erwiesen haben (1986, *chapter* 5). Eine detailliertere Bestandsaufnahme ausgewählter Projektberichte nimmt Legutke vor (1988, 188–240) und zieht das Fazit, dass Lernen in Projekten zwei nur scheinbar widerstreitende Tätigkeitsbereiche umfasst (die leitende Tätigkeit des Lehrers sowie das selbstbestimmte Handeln der Lernenden) und die Idee des ausgehandelten Curriculums unterrichtspraktisch konkretisiert. Eine noch systematischere Zusammenstellung von Fallstudien, dokumentierten Darstellungen von Projektexperimenten, informellen Lehrerberichten, Lernertagebüchern und Lernertexten liefern Legutke/Thomas (1991, 160 ff.), wobei die Projekte in drei Großgruppen gegliedert werden: Begegnungsprojekte (direkter Kontakt Lernende – *native speakers* in L1- und L2-Umgebungen), Textprojekte und Klassenkorrespondenzprojekte.

Die folgende Übersicht fasst einige dokumentierte Projekte zusammen, wobei neben formalen Details jeweils die Bewertung seitens der durchführenden Lehrperson wiedergegeben wird.

Überblick: im Englischunterricht realisierte Projekte

Autor	Schulart/ -jahr	Thema	Anspruch	Bewertung
Nutz (1999a)	Gym 8	Hörkassetten	Einführung ins Internet, Erstellung von Freiarbeitsmaterial (Kassette mit Liedern und Begleitmaterial)	motivierte Arbeit, unterschiedliche Qualität der Materialien, konstruktive Problemlösungen
Wandel (1999)	RS/Gym 8	Marsmännchen	Videoprojekt zum Fremdverstehen	aktive Partizipation aller, Englisch als Weltverkehrssprache und „interplanetarisches Kommunikationsmittel“
Nutz (1999b)	Gym 10	Landminen	Wertevermittlung, Schulung von Lesen und Recherchieren, Internetarbeit	Rechercheprobleme, gute lexikalische Festigung, positives Echo, Ablehnung einer *Fundraising*-Aktion
Vater (2001)	Gym 10	*Amnesty International*	Engagement gegen Verletzungen der Menschenrechte, Berücksichtigung der multiplen Intelligenzen (Gardner)	ernsthafte Auseinandersetzung mit dem Thema, gelungene poetisch-grafische Produkte, Berücksichtigung sonst vernachlässigter Intelligenzen, gute Selbstorganisation

Autor	Schulart/ -jahr	Thema	Anspruch	Bewertung
Arendt (1999b)	RS 10	*Smoking*	Thematisierung eines gesundheitlichen und gesellschaftlichen Problems	hohe Beteiligung bei der praktischen Arbeit, lebhaftes kommunikatives Handeln, gutes Sozialverhalten, Durchbrechen der Einsprachigkeit
Schmenk (1999)	Gym LK 12	*Press Coverage of King Lear's Abdication*	Auseinandersetzung mit Shakespeares Welt und Werk	intensive literarische Auseinandersetzung, 27-seitige Zeitung nach 5 Doppelstunden, Rückfall in Muttersprache, Reflexion eigener Lernprozesse
Wilkening (1999)	Gym GK 13	*American Dream*	informative und engagierte Auseinandersetzung mit einem interkulturellen Thema	positives Fazit eines ersten Versuchs von Projektarbeit, Verbesserungsmöglichkeiten bei Vorbereitungsphase, Gruppenbildung, Präsentation, Leistungsbeurteilung

Beurteilung

Offenheit

Zweifelsohne gehört Projektunterricht zu den offenen Lernarrangements. Das Monopol der Lehrenden auf Planung, Durchführung und Bewertung der Lernprozesse wird aufgehoben, ein Großteil der Verantwortung wird an die SchülerInnen delegiert. Die Offenheit des Projektunterrichts zeigt sich nicht nur in der veränderten Lehrer- und Schülerrolle, sondern auch in der Erweiterung der Themen und Inhalte, der Vielfalt nützlicher Methoden und Mittel, der Möglichkeit fachübergreifenden Lernens, der zweifachen Durchbrechung der Grenze Schule – Außenwelt (Einladung externer Personen, Erkundung der Außenwelt) oder der Veröffentlichung von Unterrichtsergebnissen.

Wenn man Kiewegs „Empfehlungen für den noch weniger erfahrenen Unterrichtspraktiker" mit seinen „Empfehlungen für den erfahrenen Unterrichtspraktiker" (1999b, 19) vergleicht, eröffnet sich die ganze **Bandbreite** für Projektunterricht zwischen eher geschlossenen und sehr offenen Varianten.

geschlossener vs offener Projektunterricht

Dimension	Geschlossener Projektunterricht	Offener Projektunterricht
Fachbezogenheit	Einfach, fachintern, klassenintern (Simplex-Projekt)	Fach- und klassenübergreifend (Komplex-Projekt)
Thema	Gemeinsame Wahl durch LehrerInnen und SchülerInnen	Bestimmung durch Lernende
Methoden	Empfehlungen durch Lehrende	Freiheit bei Wahl der Lernwege durch Lernende
Materialien	Bereitstellung durch Lehrende	Selbstständige Beschaffung durch Lernende
Informationen	Hinweise auf Quellen durch Lehrende	Suche und Auswertung von Quellen durch Lernende
Ziele	Festlegung in gemeinsamer Absprache	Selbstständige Formulierung durch SchülerInnen
Sozialformen	Gruppenbildung durch Lehrende	Freie Wahl durch Lernende
Innen-Außen-Bezug	Schulinterne Aktivitäten	Schulexterne Aktivitäten
Außen-Innen-Bezug	Verzicht auf Beteiligung schulfremder Personen	Einladung außerschulischer Experten
Produkt	Weniger anspruchsvoll	Anspruchsvoll
Präsentation	Klassenintern	Klassenextern
Evaluation	Bewertung der Verfahren und Ergebnisse durch Lehrende	Gemeinsame Bewertung
Schülerrolle	Mitbestimmend, teilweise selbsttätig	Aktiv planerisch, eigenverantwortlich
Lehrerrolle	Voll Verantwortlicher + Organisator, Berater etc.	Final Verantwortlicher + Moderator, *coach* etc.

Bei all den Kriterien für Offenheit spielt beim Projektunterricht die **Öffnung nach außen**, die Kontaktaufnahme mit der außerschulischen Realität, *moving out into the world* eine zentrale Rolle.

positive Wirkungen und praktische Probleme

Dass von der Projektarbeit **positive Wirkungen** ausgehen, dürfte nach den bisher gemachten Ausführungen zweifelsfrei sein. Trotzdem sollten die **Probleme** von projektorientiertem Unterricht nicht ignoriert werden. Diese liegen weniger auf der ideologischen als vielmehr der praktischen Ebene. Denn die ursprünglich revolutionäre Vision der Projektmethode, Schule,

Erziehung und Gesellschaft radikal zu transformieren, ist inzwischen weitgehend einer pragmatisch-nüchternen Perspektive gewichen.

Projektarbeit ist eine **anspruchsvolle Unterrichtsform**. Die Vorbereitung und Durchführung erfordert von der Lehrkraft einen hohen zusätzlichen Zeitaufwand, großes Engagement und organisatorisches Geschick. Insbesondere unerfahrene LehrerInnen werden die ersten Projekte als enorme Belastung erfahren und schmerzlich erkennen, dass die Durchführung mehr **Zeit** in Anspruch nimmt als ursprünglich geplant. Hier ist zu empfehlen, mit weniger anspruchsvollen Mini-Projekten zu beginnen und Projektarbeit durch so genannte *bridging activities* (Fried-Booth 1986, 13–27) vorzubereiten. Mitunter hängen die Verlängerungen und Verzögerungen mit einer (unbewussten) anti-autoritären Frontstellung zusammen, welche die leitende Verantwortung der Lehrkraft aufgibt und auf ein natürliches Wachsenlassen des Projektprozesses setzt. Um einen effektiven Verlauf zu ermöglichen, bedarf es einerseits unbedingt eines konkreten Projektplans und der permanenten Bezugnahme darauf. Andererseits sind didaktische Interventionen der Lehrkraft immer wieder vonnöten.

Entschärfen der Zeitproblematik

Die Durchführung eignet sich wohl auch nicht in jeder Klasse. Besonders in Gruppen, die erhebliche Disziplinschwierigkeiten bereiten, kann sich ein Projektversuch als sehr gewagt herausstellen. Dagegen gilt bezüglich der Lern- und Jahrgangsstufe keine Einschränkung, denn prinzipiell kann Projektarbeit auf allen Stufen erfolgen. Fried-Booth empfiehlt sie vornehmlich für die mittleren Könnensstufen, denn nach einigen Jahren Englischunterricht tritt der berüchtigte Plateaueffekt ein, der durch eine gewisse Stagnation des Fertigkeitszuwachses charakterisiert ist. „It is at this crucial point in learning – the intermediate level – that project work can offer the much-needed incentive“ (1986, 8).

Klassen-Gruppenspezifik beachten

Eine weitere Grenze setzt das Ergebnis. An das finale **Produkt** sollte man keine überzogenen Ansprüche stellen, ein Vergleich mit professionell hergestellten Gegenständen kann nur zu Frustrationserlebnissen führen. Bei einem Schulprojekt darf man grundsätzlich keine Erfolgsgarantie erwarten.

Produktproblematik

Ein weiteres Problem liegt im **Gebrauch der Muttersprache** als Kommunikationsmittel. Diverse Tricks (Strafgelder für deutsche Sätze, Klassenkasse, Installierung eines *English language monitor* in jeder Arbeitsgruppe) können den Rückfall ins Deutsche und die Aufgabe des Prinzips der Einsprachigkeit allerdings nur bedingt unterbinden.

Zielsprache im Projekt

Dass sich Projektunterricht auch nicht für jedes Lernobjekt und jeden Lernprozess eignet, erkennt Frey (1999, 161): „Bei eng gefassten **Lernaufga-**

Grenzen

ben mit unverrückbaren Lerngegenständen in reduzierter Zeit ist die Projektmethode fehl am Platz." Damit sind Lernprozesse gemeint, die durch Stoffvorgabe oder Lernschrittanordnung stark vorstrukturiert sind, unter Zeitdruck ablaufen und kurz nach Abschluss präsentabel und messbar sein sollen. Insofern ist die Projektmethode „kein optimales Lernverfahren für den raschen Erwerb vorgegebener Objekte" und „kein ökonomisches Verfahren, Feinziele zu erfüllen" (ib.).

Projekteuphorie „erden"

Die bisweilen verdächtig euphorischen **Projektbilanzen** von LehrerInnen und SchülerInnen sind angesichts all dieser Einschränkungen daraufhin zu überprüfen, wie hoch die Anteile von belanglosem Parlieren, sprachhandlungslosem Leerlauf und Pseudoaktivitäten ohne Wissensbasis wirklich waren.

Trotz dieser Einschränkungen ist es empfehlenswert, **mindestens ein Projekt pro Schuljahr** im Englischunterricht durchzuführen, dieses aber nicht auf die letzten zwei Tage vor Beginn der Sommerferien zu reduzieren und abzuschieben, weil – so die weit verbreitete Ansicht – am Schuljahresende ja sowieso nichts Sinnvolles mehr möglich sei. „Der Projektgedanke feiert in mancher Projektwoche fröhliche Urständ, wobei mit viel Engagement der ‚Freizeitpark Deutschland' in die Schule ausgedehnt wird" (ARENDT 1999a, 10). Wenn sich Projektunterricht auf die Projektwoche/tage beschränkt, entsteht das Problem der Inselbildung: Sie bleiben in der Regel Inseln im Meer des herkömmlichen Unterrichts, der Projektgedanke wird nicht eng verknüpft mit dem „Normalunterricht".

3 Freiarbeit

Hintergrund

Wenn man eine Arbeit mag, dann ist es keine.
Anders Angström

Die heutigen Formen der Freiarbeit wurden inspiriert von den Ideen der **Reformpädagogik**. Die einflussreichsten Repräsentanten mit ihren Positionen zeigt die folgende Tabelle.

Postulate der Reformpädagogen zur Freiarbeit

Reformpädagoge/-in	Freiarbeitsrelevante Postulate
FREINET	• Freiheiten, sich zu organisieren, zu handeln, sich auszudrücken • FREINET-Techniken • freies Schreiben, Gestalten und Drucken • Gleichberechtigung praktischer und geistiger Arbeit in Ateliers • Selbstverantwortlichkeit

Reformpädagoge/-in	Freiarbeitsrelevante Postulate
GAUDIG	• Selbsttätigkeit: freie geistige Arbeit • freies Unterrichtsgespräch • Arbeitsstunde (individuelle Stillarbeit) • freie Hausarbeit • Wahl von Arbeitstechniken (und Arbeitsweg, Arbeitsschritten, Arbeitsergebnis) • „Der Schüler muss Methode haben.“
KERSCHENSTEINER	• praktisches Lernen • Verbindung geistiger und manueller Arbeit • selbstbildende Kraft der Selbsttätigkeit
MONTESSORI	• kindliche Freiheit: biologische, soziale und pädagogische Freiheit • Freiheit als Voraussetzung für die Entwicklung des Kindes • Polarisation der Aufmerksamkeit – drei Phasen: Vorbereitung und Einübung – „große Arbeit“ – Ruhe • räumlich vorbereitete Umgebung • sachlich vorbereitete Umgebung (didaktisch aufbereitetes Material) • freies Entscheiden und freies Handeln des Kindes in der vorbereiteten Umgebung • Selbstverwirklichung und Selbstbildung • „Hilf mir, es selbst zu tun!“
OTTO	• Freies Unterrichtsgespräch
PARKHURST	• Freie Arbeit: Freiheit bezüglich zeitlicher, räumlicher und sozialer Bereiche (nicht: Inhalte und Methoden) • Aufbereitung des Stoffes durch Lehrperson • Aneignung durch Lernende im Selbststudium • individuelles Lernen innerhalb bestimmter Freiräume • Zusammenarbeit
PETERSEN	• Erwerb von Freiheit durch Aneignung von Fertigkeiten • große Freiräume beim Erwerbsprozess • Vor-Ordnungen (Regeln) als Voraussetzung von Freiheiten • Lernen in der Gemeinschaft • Pflicht-, Wahl- und Sonderkurse • Tätigwerden der ganzen Person • *freies Arbeiten* im Rahmen von Gruppenarbeit und orientiert an einem Rahmenthema • *Freie Arbeit* als bestimmte Unterrichtszeit (zwei Stunden am Wochenende) zur individuellen Nach- und Vorbereitung der Lernenden

Basis: Vertrauen in Lernende

Von den angeführten Personen werden in der Literatur insbesondere MONTESSORI, FREINET und PETERSEN in Verbindung mit Freiarbeit gebracht. Die Grundlage bei allen ist ein starkes Vertrauen in die Lernbereitschaft und Lernfähigkeit des Kindes. Als Prämissen gelten das Neugierverhalten des Kindes und die ihm innewohnenden Kräfte, die nach außen drängen und sich im Tätigsein manifestieren. Das von MONTESSORI überlieferte Kinderzitat „Hilf mir, es selbst zu tun!" bringt zum Ausdruck, dass Kinder etwas tun wollen, dass sie dabei von Erwachsenen unterstützt werden wollen, diese **Unterstützung** aber auch nicht übertrieben werden darf. Diese **Selbsttätigkeit** des Kindes führt schließlich zur Selbstständigkeit, sofern nötige Arbeitstechniken aufgebaut werden, und diese Selbstständigkeit ist die unabdingbare Voraussetzung für lebenslanges Lernen. Weitere verbindende Gedanken der Reformpädagogen sind der **fächerübergreifende Unterricht** und die Notwendigkeit der **Selbstkontrolle**. Schließlich wird Freiheit nie als grenzenlose Individualisierung gesehen, sondern als **gebundene Freiheit**: „Freie Arbeit bedeutet in keinem Konzept, dass die Schüler tun und lassen können, was sie wollen" (TRAUB 2000, 86).

Balance von Unterstützung und Selbsttätigkeit

gebundene Freiheit

Die Wahrnehmung von **Krisensymptomen** im schulischen Bildungskontext in den siebziger Jahren führte zu einem Rückgriff auf die Ideen der Reformpädagogik. Die reformpädagogischen Impulse machten sich zunächst in der Primarstufe stark bemerkbar. Nur zögerlich fanden die Ideen auch Verbreitung in der Sekundarstufe I, um schließlich nach den Sachfächern, Deutsch und Mathematik auch den Fremdsprachenunterricht zu erreichen.

Begriff

Um zu erkennen, was Freiarbeit will, ist es nützlich, das Kompositum auf seine beiden Komponenten **„frei"** und **„Arbeit"** hin näher zu beleuchten. Eine exakte philosophische Bestimmung des ersten Bestandteils muss als unlösbare Aufgabe erscheinen, aber im schulischen Zusammenhang dürfte doch die Dimension **„Freiheit zu etwas"** die entscheidende Rolle spielen. „Freies Arbeiten in der Regelschule meint demnach das selbstbestimmte und das selbst zu verantwortende Aufgreifen von Wahlfreiheiten innerhalb eines vorgegebenen Rahmens" (ZIMMERMANN 1994, 80). In einer vorbereiteten Lernumgebung werden den SchülerInnen hier Wahlfreiheiten eingeräumt, die sich auf folgende Bereiche beziehen können:

Wahlfreiheit(en)

- Wahlfreiheit bezüglich Lerninhalt
- Wahlfreiheit bezüglich Arbeitsmittel
- Wahlfreiheit bezüglich Sozialform

- Wahlfreiheit bezüglich Lerntempo
- Wahlfreiheit bezüglich Lernort
- Wahlfreiheit bezüglich Präsentation
- Wahlfreiheit bezüglich Unterstützung

„Arbeit" im pädagogischen Sinne

Für den zweiten Bestandteil des Kompositums kann man auf den **pädagogischen Arbeitsbegriff** von FREINET zurückgreifen: „Von Arbeit sprechen wir immer dann, wenn das Tätigsein – ob physisch oder geistig – den natürlichen Bedürfnissen des Individuums entspricht und durch diese Tatsache allein schon eine gewisse Befriedigung verschafft" (1979, 136). FREINET grenzt hier Arbeit von der durch Zwang geprägten Aufgabe/Pflicht ab, ergänzt die freie geistige Arbeit der Arbeitsschulbewegung um die praktische Komponente, durchbricht die Schranke zwischen Arbeit und Spiel und betont die Freude verschaffende Kraft von Arbeit. Er sieht in dem kindlichen Tun eine kreative Aktivität, die einem *élan vital* entspringt.

Prinzipien und Formen der Freiarbeit

Als Prinzipien der Freiarbeit werden immer wieder **Wahlfreiheit**, **Selbsttätigkeit** und **Selbstkontrolle** hervorgehoben. Die **materialgeleitete Freiarbeit** ist die wohl am häufigsten verbreitete Form der Freiarbeit. Es existieren eine **fachgebundene Freiarbeit** und eine **fächerübergreifende Freiarbeit**. Gelegentlich wird auch zwischen einer **stillen Freiarbeit** (nur Einzelarbeit) und einer **kommunikativen Freiarbeit** (alle Sozialformen erlaubt) unterschieden. Einen Sonderfall stellt **Expertenarbeit** dar, bei der einzelne SchülerInnen sich auf Gebiete konzentrieren, die sie besonders interessieren und in dem sie ihr Spezialwissen vertiefen wollen. Bei passender Gelegenheit kann dieses Expertenwissen von den Lehrkräften abgerufen werden und den herkömmlichen Unterricht bereichern.

klärende Begriffsabgrenzungen

Um die Begriffsverwirrung nicht zu verschärfen, scheint es sinnvoll, *Freiarbeit* von *freiem Arbeiten* abzugrenzen und ersteren Begriff als eine wichtige Sonderform des Oberbegriffs *freies Arbeiten* zu betrachten. Unter dem Dach *freien Arbeitens* könnten dann – wie es ZIMMERMANN (1994) vorschlägt – Lernformen wie materialgeleitete Freiarbeit, Wochenplanunterricht, Projektunterricht, Planspiel, Freie Texte, Expertenarbeit, Lern- und Übungszirkel subsumiert werden.

Ziele

Wiederholen, Vertiefen

Was die **Ziele** der Freiarbeit betrifft, so steht in fachlicher Hinsicht vor allem die **Wiederholung** und **Vertiefung** des gelernten Sprachmaterials im Vordergrund. „Der sprachliche Neuerwerb wird erleichtert, indem der Schüler mit einer ihm von der Grundschule her bekannten Methode im lehrerzentrierten Unterricht erworbenes Sprachinventar in der englischen Frei-

fachübergreifende und erzieherische Ziele

arbeitsstunde vertieft" (GNASS-FRANKE 1994, 171). Daneben werden **fachübergreifende Ziele** angestrebt: soziale Integration der SchülerInnen, Toleranz, Teamgeist, Entwicklung der Persönlichkeit, angst- und stressfreies Lernen, Freude. Den Aspekt der Autonomie betont KLEIN-LANDECK: „Freiarbeit ist nicht das Ziel, sondern ein Weg zu immer mehr Lernerautonomie" (1998, 226).

Unterrichtsgestaltung

kein einheitliches Konzept

Dass es das eine **Konzept** von Freiarbeit nicht geben kann, ist angesichts der vielfältigen Einflüsse und der Offenheit des Begriffs nicht anders zu erwarten. Je nach Schulart, Klasse, Lehrkraft und organisatorischen Voraussetzungen sehen die Wege zu dieser Methode anders aus. Als Orientierungshilfe kann hier das Rahmenkonzept von TRAUB (2000, 91–116) fungieren, das sowohl in der Primar- als auch der Sekundarstufe eingesetzt werden kann. In ihrem Stufenkonzept unterscheidet sie vier Stufen, die sich schrittweise von einer noch stark **angeleiteten** zu einer vollkommen **selbstorganisierten Freiarbeit** steigern.

Orientierung an Stufenkonzept

Freiarbeit kann man in verschiedene **Phasen** einteilen. MAYER (1992, 29) schlägt ein Verlaufsschema mit fünf Formalstufen vor, das auf unterschiedliche Ausprägungen freien Arbeitens angewendet werden kann:

(1) Initiationsphase: Einführung und Planung im Gesprächskreis (Plenum)
(2) Explorationsphase: Beschaffung der Materialien (Regale, Schule)
(3) Produktionsphase: Arbeit an den Materialien (Arbeitsplätze, Funktionsecken)
(4) Kontrollphase: Diskussion/Vorstellung im Gesprächskreis (Plenum)
(5) Integrationsphase: Einordnen oder Ausstellen (Regale, Ausstellungsflächen)

Bei der dominanten Form, der **materialgeleiteten Freiarbeit**, stehen naturgemäß die Materialien im Mittelpunkt. Der folgende Fragenkatalog zeigt, welch vielfältige Anforderungen und hohe Ansprüche an das jeweilige Material gerichtet werden müssen.

Gestaltung von Freiarbeitsmaterialien

Dimension des Materials	Frage an das Material
Lernziel	Welches Lernziel strebe ich an?
Lehrwerkbezug	Soll es lehrwerkabhängig oder -unabhängig sein?
Sprachsystem	Welches Subsystem (Wortschatz, Grammatik, Phonetik, Landeskunde) steht im Vordergrund?
Fertigkeit	Welches der *basic skills* besonders üben?
Übungstypus	Welche Übungsform ist geeignet (Memory, Puzzle, Lückentext, Vokabelkarten ...)?
Aufforderungscharakter	Wodurch können Lernende motiviert werden, sich mehrmals mit dem Material zu beschäftigen?
Verpflichtungscharakter	Welche Materialien werden als Pflicht-, welche als Zusatzmaterial eingestuft?
Materialspanne	Welche Zeitspanne der fremdsprachlichen Entwicklung deckt es ab (Nachlernmöglichkeiten für langsamere und Vorauslernmöglichkeiten für schnellere SchülerInnen)?
Arbeitstechnik	Welche Techniken müssen die Lernenden mitbringen, um sachgemäß mit ihm umzugehen?
Arbeitsanweisung	Wie kann ich den begleitenden Arbeitsauftrag möglichst deutlich formulieren?
Selbstständigkeit	Erlaubt es einen selbstbestimmten Umgang?
Sozialform	Eignet es sich für Einzel-, Partner- oder Gruppenarbeit?
Lösungsweg	Welche (alternativen) Lösungswege existieren?
Kontrolle	Können die Lernenden ohne fremde Hilfe ihr Arbeitsergebnis kontrollieren? Soll zusätzlich eine Ablageschale „Korrektur durch LehrerIn" (+ zweite Schale „Zurück") integriert werden?
Beschaffung	Kann/Soll es gekauft oder selbst (Neukonzeption oder Adaption vorhandener Lehrwerke) hergestellt werden?
Finanzierung	Wer bezahlt es (ich – Fachschaft – Schule)?
Kooperation	Mache ich es alleine oder bauen wir einen Pool gleichgesinnter LehrerInnen auf?
Beschaffenheit	Nehme ich Papier, Pappe, Holz (Haltbarkeit bei wiederholtem Gebrauch!)?
Format	Wie groß soll es sein?

Gestaltung von Freiarbeitsmaterialien

Dimension des Materials	Frage an das Material
Beschriftung	Verwende ich Handschrift oder den PC? Welche Farbe macht sich gut?
Folierung	Soll es manuell (Klarsichtfolie oder Leim?) oder maschinell foliert werden?
Verpackung	Nehme ich normierte Kartons oder beklebe ich Haushaltsgegenstände?
Aufbewahrungsort	Ist ein verschlossener Schrank oder ein offenes Regal (Selbstaufbau durch SchülerInnen) praktikabler?
Schülerordner	Sind Aktenordner oder Ablagekörbe besser?

typische Übungen und Aufgaben

Was **Übungen** und Aufgaben betrifft, finden die folgenden während der Freiarbeit häufige Verwendung:

- Wortschatz: Vokabelkarten (Vorderseite: Englisch, Rückseite Deutsch), Bild/Wortkarten (in Setzleiste mit Schlitz), Memory (mit Wort- und Bildkarten in verschiedenen Farben), Vokabellotto (Bildkärtchen zu Wortfeldern), Wortrommé
- Rechtschreibung: Dosendiktat (Diktat streifenweise in Dose gelegt und anschließend niedergeschrieben), Fensterdiktat (Text in Platte mit Zeilen-Fenster), Flüsterdiktat (kurzes Diktat gegenseitig leise diktieren), Schlangendiktat (Kärtchen mit Sätzen richtig anlegen)
- Phonetik: Lautlotto (Karten mit Lautzeichen werden Wortfeldern zugeordnet)
- Zahlen: Bingo, *time*-Karten
- Grammatik: Grammatiktasche (Lückentext und Lösungsblatt im Rahmen), kartonierte Workbook-Übungen, *grammar cards*, Grammatik-Quartett, *mime game*
- Landeskunde: Puzzles über GB/USA
- Literatur: Lektüren, Lesetagebücher
- Kreatives Schreiben (z. B. Nissen 1993b)

Basis für Störungsfreiheit: Regeln

Um einen störungsfreien Verlauf zu ermöglichen, müssen **Regeln** aufgestellt und eingehalten werden. Häufig wird ein entsprechender Katalog zu Beginn der Freiarbeitsperiode gemeinsam erarbeitet und im Klassenzimmer zwecks regelmäßiger Erinnerung und besserer Beachtung als Poster aufgehängt (vgl. folgendes Beispiel):

Our Rules

- *Before we get our material we clear our desks.*
- *Let's take only one material at a time.*
- *We do not start a new activity until we have finished the first.*
- *Before we start working we read the task information.*
- *We do not disturb others when they are working.*
- *Let's not talk too loud.*
- *Running around is not necessary.*
- *We do not do our homework here.*
- *After we have finished a task we fill the date and name of it into our files.*
- *At the end let's take materials and files back to the shelves.*
- *Let's keep them (in good form)!*

Ergebnisse

Formen von Freiarbeit wurden in den letzten 20 Jahren in verschiedenen Schulformen und Jahrgangsstufen auch im Englischunterricht ausprobiert. In der folgenden Synopse sind ausgewählte Versuche dokumentiert.

Versuchs-dokumentationen

Autor/Lehrkraft	Beschreibung	Bewertung
Schanz-Hering (1988)	• Förderstufe Gesamtschule, 5./6. Klasse • 1 Wochenstunde • Koppelung mit Monatsplan	• Spaß der SchülerInnen • sinnvolle Förderung • soziales Lernen
Unruh (1989)	• 7. Klasse Realschule • freiwillige zusätzliche Englischstunde außerhalb der Schulzeit	• Akzeptanz des Angebots durch mehr als die Hälfte • konzentrierte, motivierte und erfolgreiche Arbeit
Gnass Franke (1993)	• 5. Klasse Gymnasium • Teamarbeit von 5 EnglischlehrerInnen • Pflicht- und Wahlprogramm • Übung und Vertiefung des Gelernten • eine Wochenstunde • Fortführung in 6. Klasse mit von SchülerInnen selbst erstellten Materialien	• Bewährung des Teamwork der LehrerInnen bei Materialerstellung • begeisterte Reaktion der Lerner: Andersartigkeit, Freiheit • keine Disziplinprobleme • Zugewinn an Selbstständigkeit und sozialem Verhalten

Versuchsdokumentationen

Autor/Lehrkraft	Beschreibung	Bewertung
Steitz-Kallenbach (1993)	• 9. Klasse Gymnasium • Unterrichtseinheit *Native Americans* • arbeitsteilige Gruppenarbeit • wahldifferenziertes Arbeiten • Abschluss: Klassenarbeit	• sprachlicher Gewinn • Motivation durch freie Themenwahl • Lernen von Teamarbeit • mitunter Leerlauf • Umstellung des Lehrers nötig
Batsching/ Uttendorfer (1994)	• 5.–10. Klasse Realschule • 3 Mal pro Woche je 2 Stunden • Kernfächer (inkl. Englisch) und Nebenfächer	• gute Ergänzung von Regelunterricht und Freiarbeit • Übung • Individualisierung • hohe Akzeptanz bei SchülerInnen und Eltern
Ahlring (1995)	• immer gleiche Stunde gleicher Tag • Einführung in der 5. Klasse: kurze, individualisierende Phasen • binnendifferenzierende Übungen • höhere Klassen: kreatives Schreiben, Lektüren, authentische Materialien, Grammatikwiederholung	• Individualisierung und Differenzierung • Verbesserung des sozialen Klimas
Fuhr/Janker (1995a, b)	• 5. Klasse Gymnasium • 1 Doppelstunde pro Woche • Englisch, Erdkunde und Religion • Pflicht- und Wahlprogramm • Konzentration auf Übung und Vertiefung • Glocke als Instrument zur Regelung des Geräuschpegels • Vorstellung der Lernform bei Elternabend	• Bewährung der Methode • Eifer und Konzentration bei der Arbeit • unterschiedliches Arbeitstempo • Möglichkeit individueller Beratung • Öffnung der Lehrkräfte gegenüber SchülerInnen • Notwendigkeit der Hilfe für konzentrationsschwache SchülerInnen • Pflichtanteil zu hoch

Autor/Lehrkraft	Beschreibung	Bewertung
Lassmann (1995)	• 11. Klasse Gymnasium • 1 Wochenstunde, 5 Wochen • Unterrichtseinheit *Short Stories* • kreatives Schreiben von Kurzgeschichten	• großes Interesse der SchülerInnen • Freude beim Vortragen • hoher Korrekturaufwand
Frech-Becker (1997)	• 8. Klasse Hauptschule • pro Halbjahr ein Freiarbeits-Block unterschiedlicher Dauer • pro Lehrerin insgesamt 4 Jahre Freiarbeit	• Negative Bewertung: • Freiarbeit auch als Freibrief (für Nichtstun) • Gefühl, weniger zu lernen • keine Erziehung zu Selbstständigkeit
Lehmann-Lezmi (1998)	• Klassen 5–8 • lehrbuchbegleitende Freiarbeitsmaterialien: 60 Vorlagen • Vokabellernkartei	• Förderung aller SchülerInnen • willkommene Abwechslung • vielfältige Förderung • Vokabelkartei!
Weigler (1999)	• 6./7. Klasse Gymnasium • 2–4 Stunden pro Monat • Arbeit mit *Free and Easy* (Cornelsen)	• effektive Arbeit • positive Schülerreaktionen • behutsame Dosierung nötig
Arendt (2002)	• 10. Klasse Realschule • 3 Wochen • Unit zu *Youngsters in Trouble*	• Voller Erfolg: • Lernziele erreicht • Schlüsselqualifikationen verankert • Motivierte SchülerInnen

Bandbreite

Die einzelnen Dokumentationen durchgeführter Versuche deuten die Bandbreite unterschiedlicher Annäherungsweisen an Freiarbeit an. Sie reichen von ziemlich fest strukturierten, noch stark **lehrergeleiteten**, mit reproduktiven Sprachübungen zur Vertiefung des Gelernten arbeitenden Verfahren bis zu **offenen**, lernerinitiierten und -gesteuerten, dem sprachlichen Neuerwerb dienenden Verfahren. Während an dem einen Ende der Skala der Frontalunterricht durchscheint, erinnert das andere Ende an traditionelle Vorstellungen von Freiarbeit. Der Umgang mit dem Begriff *Freiarbeit* geschieht recht freizügig, denn manches ist eher dem traditionellen Gruppenunterricht oder der Projektarbeit zuzuordnen. Wenn inhaltliche, methodische oder zeitliche Vorgaben zu eng sind, scheint zudem der Begriff *Freiarbeit* überstrapaziert.

Begriffsunschärfen

Bewertung

Freiarbeit zählt zu den **populärsten** Formen offenen Unterrichts, wenngleich die Offenheit des Begriffs ein Problem darstellt. Bei der Freiarbeit in Reinform bietet man den SchülerInnen das Material an und überlässt ihnen sämtliche Entscheidungen. Daneben kann Freiarbeit mit unterschiedlichen **Auflagen** versehen werden. Es können bestimmte Vorgaben bezüglich der Materialauswahl gemacht, Pflichtaufgaben vorgeschrieben und Planungshilfen gegeben, die Sozialform und die Zeitplanung aber der Wahl durch die SchülerInnen überantwortet werden. Je stärker das Gewicht des Pflichtprogramms verankert ist, desto unfreier und geschlossener wird die Freiarbeit; ebenso hemmen zu viele präskriptive Übungsprogramme die Selbstständigkeit der SchülerInnen und sind mit der ursprünglichen Idee der Freiarbeit nicht vereinbar. Wird der Gedanke des Plans und seiner Erfüllung in den Vordergrund gerückt, rückt Freiarbeit in die Nähe der Planarbeit.

Öffnungsgrade

Die **materialgeleitete Freiarbeit** positioniert sich als offene Alternative zum lehrergesteuerten Frontalunterricht und postuliert die Freiheit der SchülerInnen, aus einem von den Lehrkräften bereitgestellten Angebot an Arbeitsmaterialien frei auszuwählen. Sie können selbst bestimmen, was sie bearbeiten wollen, mit wem sie arbeiten wollen, wann und wie lange sie ein bestimmtes Material bearbeiten wollen.

positive Wirkungen

Von diesem offenen Lernarrangement gehen **positive Wirkungen** aus. Man hat eifriges Arbeiten, freudvolles Lernen und konzentrierte Beschäftigung in einem entspannten Arbeitsklima festgestellt. Allein die Möglichkeit für Lernende, das tun und lernen zu können, was sie gerade möchten, wirkt sehr motivierend. Der Redeanteil der SchülerInnen erhöht sich, und das Gelernte kann vertieft werden. Neben der Stärkung der Eigenverantwortung treten die Aufarbeitung individueller Defizite und eine persönliche Schwerpunktsetzung positiv hervor. Manche behaupten sogar, Freiarbeitsstunden verbesserten das Verhältnis der SchülerInnen zur Schule.

Umgang mit Problemen

Die auftretenden **Probleme** werden von den meisten Praktikern nicht verschwiegen, können aber durch geeignete Gegenmaßnahmen zumindest abgeschwächt werden. So ist regelmäßig eine höhere Geräuschkulisse als in frontal geführten Stunden zu beobachten. Rituale wie Anfangs- und Schlusskreis (mit Stille- und Konzentrationsübungen) oder leise Hintergrundmusik als Signale für Beginn und Ende (Aufforderung zum Aufräumen) mögen hier eine gewisse präventive Wirkung entfalten; der Verweis auf die Spielregeln und das Läuten der Glocke (durch LehrerIn und SchülerInnen) bei zu großer Lautstärke unterliegen der Abnutzungsgefahr bei häufiger Wiederholung.

Neben dem **disziplinären Argument** wird von Skeptikern gerne auf **zeitliche Engpässe** verwiesen. Wenn ZIMMERMANN fordert, „vom zeitlichen Rahmen her sollte der Gesamtanteil der Freiarbeit im Stundenplan mit mehr als einer Stunde ausgewiesen werden, um den Belohnungs- bzw. Bestrafungscharakter dieser Unterrichtsform gar nicht erst aufkommen zu lassen" (1994, 93), dann bereitet dieses „Normalisierungs-Gebot" tatsächlich zeitlich-curriculare Probleme. Die bislang besonders in 5. und 6. Klassen praktizierten Modelle mit einem Zeitumfang von lediglich einer Englisch-Stunde pro Woche haben aber auch schon positive Ergebnisse erzielt, wobei eine zusätzliche Kombination mit einem oder zwei anderen Fächern größere Flexibilität erlaubt. Eine feste Freiarbeitsstunde Englisch im Stundenplan sollte bei insgesamt fünf Wochenstunden noch machbar sein. Wenn – wie in der Mittelstufe – oft nur drei Wochenstunden zur Verfügung stehen, kann man sich auf ein gelegentliches Blockmodell – beispielsweise zur differenzierenden Übung vor einem Klassentest – beschränken.

quantitative Empfehlungen

Wenn die Lernenden selbst ihr Lernen bestimmen, wird phasenweiser **Leerlauf** nicht zu verhindern sein. Lernpausen können auch als notwendiger Ausgleich für konzentriertes Arbeiten betrachtet werden – wo sie sonst unbemerkt auftreten, werden sie jetzt offen und für LehrerIn und SchülerInnen sichtbar eingelegt. Ein Schüler, der allerdings 40 Minuten lang Merlins Haus in verschiedenen Farben ausmalt, kann in einem persönlichen Gespräch auf sprachaktivere Aufgaben aufmerksam gemacht werden.

Umgang mit Lernpausen

Die Art der **Materialien** – ob teuer gekauft oder zeitaufwändig selbst erstellt – spielt für die Effektivität der Freiarbeitsstunde ohnehin eine zentrale Rolle. Es gibt „Renner", auf die sich die meisten SchülerInnen stürzen (Puzzles, Kartenspiele), und weniger begehrte Materialien. Um eine nötige Balance in der Erledigung unterschiedlicher Aufgabenformen zu gewährleisten, bietet sich ein Schnellhefter an, in dem alle bearbeiteten Arbeitsblätter abgeheftet werden und der ein **Kontrollblatt** beinhaltet, in das alle erledigten Materialien mit Datum, Zeitbedarf, Erfolgseinschätzung und Kommentar eingetragen werden. So kann die Lehrkraft jederzeit den Überblick über das Arbeitspensum der einzelnen SchülerInnen behalten.

ausgewogene Materialbearbeitung

Auch wer alle Voraussetzungen effektiver Freiarbeit bedenkt, kann sich kollegialer Hochachtung nicht gewiss sein. Neben aktiver Unterstützung und interessiertem Wohlwollen wird man vor süffisanter Ironie und auch verachtender Ablehnung seitens der Kollegen nicht gefeit sein: „Spielt Ihr heute wieder? In der Grundschule haben die Kinder schon genug gespielt, am Gymnasium sollen sie arbeiten und lernen." Das können indes alle SchülerInnen auch mit einer Freiarbeit, die zwischen dem verpflichtenden

Methodenimage

und dem freiwilligen Anteil der Aufgaben und zwischen den beiden Elementen des Kompositums eine vernünftige **Balance** hält.

4 Planarbeit

Kontext

Nicht nachbedenken, sondern vorbedenken soll der weise Mann. Epicharm

Ähnlich wie bei der Freiarbeit reichen die Wurzeln der Planarbeit in die **Reformpädagogik** des ersten Drittels des 20. Jahrhunderts zurück. Auch wenn sich bei anderen Autoren dieser Epoche vereinzelt Hinweise finden lassen, so gelten doch wohl CELESTIN FREINET und HELEN PARKHURST als die eigentlichen Paten. Zwar erwähnt auch PETER PETERSEN in seinem Kleinen Jenaplan einen Wochenstundenplan, doch dieser ähnelt eher einem Stundenplanersatz und will den kritisierten „Fetzenstundenplan" überwinden durch die Verbindung von Arbeit, Spiel, Gespräch und Feier.

Arbeitsplan: für die ganze Klasse und individuell

FREINET konzipierte den Wochenplan als zweischrittigen ***plan de travail***, der den *plan collectif* und den *plan individuel* umfasst. Der *plan collectif*, ein Arbeitsplan für die ganze Klasse, ergibt sich aus der Diskussion des Klassenrats am Ende der Woche über die zu erledigenden Aufgaben der folgenden Woche. Dieser Gesamtplan bildet den Rahmen für den *plan individuel*, einen persönlichen Wochenarbeitsplan, den jeder Lerner zu Wochenbeginn alleine oder mit Unterstützung der Lehrkraft zusammenstellt.

Der Individualität ihrer SchülerInnen wollte auch PARKHURST gerecht werden. Aus den von ihr zur Verfügung gestellten und mit Arbeitsanweisungen versehenen Materialien konnte sich jeder Einzelne sein persönliches Lernprogramm für gewöhnlich eine Woche erstellen. Daraus entwickelte sich ein *contract* zwischen Lehrenden und Lernenden, der berühmte **Dalton-Plan**.

revival: *zuerst in Primarstufe*

In den 70er Jahren des letzten Jahrhunderts feierte im Zuge der Renaissance der Reformpädagogik auch die Idee des Wochenplans ihre Wiederauferstehung – zunächst vor allem in der **Primarstufe**. Etwa ein Jahrzehnt später dehnte sich ihre Wirkung auch auf den Sekundarstufenbereich aus, wo sie selbstständiges Lernen in allen Schulformen und fast allen Fächern verspricht. Auch für den Englischunterricht wurden in den neunziger Jahren allmählich entsprechende Vorschläge unterbreitet und ausprobiert.

Integration von Wochenplan und Lehrwerk

Eine Variante des Wochenplans erhielt von Seiten der **Verlage** Unterstützung. Für die Verleger von Schulbüchern bedeutete die Bewegung Offener Unterricht eine gewisse Gefahr, da die Berechtigung des Lehrbuchs teilweise in Frage gestellt wurde. Eine Möglichkeit, die Impulse offenen Englischunterrichts aufzunehmen und gleichzeitig die Notwendigkeit eines Lehrwerks zu sichern, bestand in der Konzeption und Propagierung des ***Unit Plan***.

Begriff

„Diese Form des freien Arbeitens hält sich an einen, entweder vom Lehrer oder in Zusammenarbeit mit den Schülern, festgelegten Plan, dessen Aufgaben in einem bestimmten Zeitraum (Tag/Tage oder Woche) erledigt werden sollten" (AUER 1994, 252). Diese Definition des Wochenplans betont die zentrale arbeitsanleitende Rolle eines **Plans**, verweist auf die Flexibilität der Urheberschaft des Plans und relativiert die enge Bedeutung des ersten Teils des Kompositums Wochenplan. Der Plan gibt dem Lernenden einen **Orientierungsrahmen** für seine Arbeit, erlaubt ihm aber zugleich die Festlegung eines **individuellen Vorgehens** hinsichtlich Zeit und Aufgabenfolge. Für die Lehrkraft nimmt der Plan die Funktionen der Arbeitsanleitung, des *Feedback* und der Kontrolle wahr.

Plan zentral für Lernende und Lehrende

Ziele

Bei der Suche nach einer konkreten Zielbestimmung stößt man neben **sprachlichen** immer wieder auf **fachtranszendierende** Intentionen:

Integration von sprachbezogenen und überfachlichen Zielen

- Förderung von Selbstständigkeit und Eigeninitiative
- Fähigkeit zur Selbsteinschätzung
- Selbstbestimmtes Lernen
- Expertenwissen in bestimmten Wissensgebieten
- Ausbildung sozialer Verhaltensformen
- Gezieltere Förderung einzelner SchülerInnen
- Effektiveres Lernen durch innere Differenzierung
- Organisationsfähigkeit

Eine Synthese zwischen Lernerautonomie und Arbeitseffektivität erstrebt der *Unit Plan*.

Ziele des Unit Plan

> *Will man die Schüler/innen zu Subjekten des Lernprozesses machen, aber gleichzeitig gewährleisten, dass innerhalb eines bestimmten Zeitraums ein bestimmter Lernstoff von allen erarbeitet wird, bietet es sich an, den Stoff in kleine, überschaubare Einheiten aufzuteilen und als Bearbeitungszeit einen konkreten Zeitrahmen vorzugeben.* (RAETZELL 1995, 1)

Die Inhalte werden den Lernenden vorgegeben; wie sie sich diese Inhalte aneignen, bleibt ihnen weitgehend selbst überlassen.

Unterrichtsgestaltung

Varianten von Organisationsformen

Die jeweilige Gestaltung der Planarbeit hängt von der **Organisationsform** ab. In der radikalsten Form findet der gesamte Unterricht einer Klasse oder in einem Fach im Rahmen von Wochenplänen statt (totale Wochenplanschule). Bezüglich der Fachgrenze gibt es Pläne, die sich nur auf ein einzelnes Fach beziehen (fachbezogener Wochenplan) oder mehrere Fächer umfassen (fächerverbindender Wochenplan). Nimmt man den Lenkungsgrad als Kriterium, findet man geschlossene Pläne (verpflichtende Arbeitsanweisungen), halboffene Pläne (Verbindung von Pflicht- und Wahlprogramm) und offene Pläne (reines Wahlprogramm). In der Regel kombinieren die Pläne aber ein Pflicht- mit einem Wahlprogramm. Nach dem Zeitumfang lassen sich Tagespläne zu Wochenplänen oder gar Monatsplänen ausweiten. Schließlich erlaubt ein Blick auf die strukturelle Basis die Differenzierung zwischen einer zeitlichen Variante (Tages-/Wochenplan) und einer thematischen Variante (*Unit Plan*). Angesichts der Existenz dieser verschiedenen Typen erscheint die gebräuchliche Bezeichnung Wochenplan als reduktionistisch; ein Begriff wie Planarbeit ist allgemeiner und umfassender.

Öffnungsgrade

Anforderungen an den Plan

Der **Plan** sollte nach Vaupel (1999, 73) folgende Fragen berücksichtigen:

- Was muss ich tun?
- Was darf ich tun?
- Wie kann ich vorgehen?
- Was benötige ich?
- Wann arbeite ich?

Auer (1994, 253) schlägt für den Aufbau des Plans die Unterteilung in Kopfleiste, Aufgaben, Arbeitsform, Kontrolle und Datum der Fertigstellung vor. An **Aufgaben** können Übungsaufgaben, vorbereitende Aufgaben und auch selbstständige Aufgaben (freie Themen) aufgenommen werden. Ein Muster für einen wöchentlichen *work plan* mit zehn Spalten für *task, must, can, textbook, workbook, material, record/write, hand in, present, done/mark* findet man bei Börner (2003, 16).

Bei der Arbeit mit Plänen könnte man folgende Schritte oder **Phasen** vorschlagen:

Phasen bei der Planarbeit

Phase	Aufgaben	Zeit
Sammlungs-Phase	Besprechung des letzten Plans, Vorschläge der SchülerInnen, Vorstellungen der Lehrkraft	z. B. Freitag

Phase	Aufgaben	Zeit
Fixierungs-Phase	Verschriftlichung, Kopieren durch Lehrkraft	z. B. am Wochenende
Vorstellungs-Phase	Verteilung, Einführung, Besprechung	z. B. Montagskreis
Arbeits-Phase	Arbeit der SchülerInnen, Beobachtung/Beratung durch Lehrkraft	z. B. Montag, Mittwoch, Freitag
Auswertungs-Phase	Kontrolle, Ergebnisintegration, Kritik, Berichtigung der Fehler in einer Fehlerkartei	z. B. Freitagskreis oder als *teacher's comment* auf dem Wochenplan-Übersichtsblatt

Gestaltung des Unit Plan

Der ***Unit Plan*** als thematisch strukturierte Sonderform des (Wochen-) Plans ist eng an das im Unterricht jeweils verwendete **Lehrwerk** gebunden. Bei den *Vorschlägen zum Offenen Unterricht mit English G*, Neue Ausgabe C2 oder C3 (Raetzell 1995) sind beispielsweise die einzelnen Units des Schülerbuchs nochmals in sinnvolle Einheiten mit thematischer und grammatischer Akzentsetzung unterteilt, und zur Erarbeitung wurden entsprechende Arbeitsaufträge formuliert. Für jeweils vier bis fünf Schulstunden sind diese Aufgaben auf kopierbaren Arbeitsbögen (*task sheets*) gebündelt. Diese Kopiervorlagen dienen den SchülerInnen nun als Grundlage, auf der sie sich mit bestimmten Teilen der Units auseinandersetzen können. Sie enthalten neben den Pflicht- und freiwilligen Aufgaben auch eine Punktleiste auf der linken Seite des Bogens mit den benötigten Grundmaterialien und eine Aufstellung der für die Leistungsmessung wichtigen *test items* sowie Angaben zum *key*, auf der rechten Seite Spalten zur Selbstkontrolle der Lernenden. Daneben kommen bei diesem Modell weitere Medien und Materialien zum Einsatz, welche bereitgestellt werden von der Lehrkraft (Kassetten zum Lehrwerk, Workbook mit Schlüssel, Lektüren für extensives Lesen) und den SchülerInnen (Leerkassetten, Vokabelkartei, Grammatikkartei). Hausaufgaben gibt es auch, aber den Umfang bestimmen die SchülerInnen mit ihrem Arbeitseinsatz schon während des schulischen Unterrichts. In der letzten Stunde ist immer eine Präsentation gesetzt.

Sozialformen

Sowohl bei der Arbeit mit dem *Unit Plan* als auch bei den anderen Varianten wird der Plan-Unterricht im Klassenverband weitgehend durch individuelle, Partner- oder Gruppenarbeit ersetzt. Dabei ist auch eine Erweiterung des Klassenzimmers hin zu einem offenen Raum vorteilhaft.

Ergebnisse

Einsatzbeispiele und Evaluation

Eine Schule, an der seit 1987 in allen Klassen mehr oder weniger ausgeprägt mit Wochenplänen unterricht wird, ist die **Overberg-Hauptschule** in **Koblenz** (OHLY 1991). Der entscheidende Anstoß für den Englischunterricht in der 10. Klasse war die Beobachtung, dass die sehr unterschiedlichen Voraussetzungen den SchülerInnen eine erfolgreiche Teilnahme am Frontalunterricht, bei dem alle das Gleiche zur gleichen Zeit machen, unmöglich macht. Bei fünf Wochenstunden wurde der Umfang des Wochenplans, der sich an das Lehrwerk (Cornelsen H) anlehnt, auf vier Stunden festgelegt; eine Stunde dient der Vorstellung und Besprechung der Arbeiten. Trotz aufwändiger Vorbereitung und ausgiebiger Korrekturarbeit zieht der Erfahrungsbericht ein positives Fazit: konzentrierte und engagierte Arbeit der SchülerInnen, Berücksichtigung der verschiedenen Leistungsniveaus, Selbstbestimmung des Lernpensums, größere Selbstständigkeit, aggressionsfreieres Klassenklima, wohnliche Einteilung des Klassenzimmers in verschiedene Lernzonen.

In den Klassen der Orientierungsstufe der **Kooperativen Gesamtschule Elmshorn** sollten ebenfalls insbesondere die unterschiedlichen Lernvoraussetzungen und Leistungsniveaus der SchülerInnen berücksichtigt und zudem die soziale Integration aller gefördert werden (NADZEIKA-HUMBARACI 2000). In regelmäßigen Intervallen wurde nach Wochenplänen gearbeitet, wobei das Lehrbuch als Arbeitsgrundlage diente und daneben zusätzliche Materialien Verwendung fanden. Leider wird auf eine konkrete Evaluierung dieser Planarbeit verzichtet.

Eine systematische Auswertung fand dagegen bei einem vierjährigen Modellversuch an einer **Hamburger Realschule** statt, deren 7. Klasse mit 73 % Ausländerkindern besetzt war (KAHL/UNRUH 1993). Der Wochenplan wurde hier als sinnvolles Instrument für den Einstieg in den offenen Unterricht betrachtet. Orientiert am Lehrwerk (*English H*), sah der Plan Pflichtaufgaben für alle und vielfältige Zusatzaufgaben für leistungsstärkere sowie Trainingsaufgaben für schwächere SchülerInnen vor. Die Arbeitsanweisungen wurden teils auf Deutsch abgefasst, auf eine ansprechende äußere Gestaltung der Wochenpläne wurde ebenso Wert gelegt wie auf den Kassettenrekorder als wichtigen Bestandteil des Inventars. Neben positiven Ergebnissen im affektiven, sozialen und motivationalen Bereich waren auch messbare Lernerfolge zu vermelden: Bei einem Leistungsvergleich mit sieben anderen Hamburger Schulen belegte die Modellklasse den zweiten Platz – trotz schlechterer Startchancen.

Mit einem *Unit Plan* arbeitete die **10. Klasse** eines **Gymnasiums** (LOHRE 1993). Aufbauend auf dem Lehrbuch, das von sich aus schon schüleraktivierenden Unterricht anregt, wurde das in der betrieblichen Fortbildung verbreitete Moderationsverfahren eingesetzt. Das Modell mit dem *Unit Plan* sowie zusätzlichen Elementen (Kurzmoderationen, neuartige Lernzielkontrollen, Projekt, *Fun Lessons, European Studies 16+ Programme*) strebte eine differenzierte inhaltliche Offenheit und gestufte Selbstverantwortung an. Als Kern des Modells diente der *Unit Plan*, der pro Unit aus drei Elementen bestand: einem Zeitplan (*schedule*), einem Arbeitspensum (*assignment* – Fundamentum und Additum) und einem Protokoll (*minutes* – individuelle Pensums-Kontrolle). Das äußerst positive Fazit verweist auf lebhafte Gruppenarbeitsgespräche in der Zielsprache, gewissenhafte Erledigung der (Haus-)Aufgaben, intensive Schreibtätigkeiten und gute Ergebnisse in den Klassentests.

Beurteilung

Planarbeit eröffnet den Lernenden beträchtliche **Freiräume** in verschiedenen Dimensionen: Sie können über die Reihenfolge der Aufgabenbearbeitung und das Lerntempo sowie teilweise frei über Inhalte und Sozialform entscheiden. Der Grad der Offenheit bzw. Geschlossenheit hängt dabei stark von der **Konstruktion und der Struktur des Plans** ab. Was die Konstruktion betrifft, lassen sich verschiedene Varianten von der **geschlossenen** Form (von der Lehrkraft aufgestellter Plan) über **kooperative** Formen (gemeinsam von LehrerIn und SchülerInnen entworfen) bis zur **ganz offen**en Variante (von den SchülerInnen allein bestimmt) erstellen. Auch der innere Aufbau eines Plans kann mehr oder weniger offen gestaltet werden: von einer **geschlossen-obligatorischen** Struktur (nur Pflichtaufgaben) bis zu einer **offen-selektiven** Struktur (keine Pflichtaufgaben) mit einem Menü-Angebot, aus dem beliebig ausgewählt werden kann und bei dem die SchülerInnen frei über Tätigkeiten, Wege, Mittel, Zeit, Reihenfolge und Arbeitsplatz entscheiden.

Öffnungsgrad: geprägt durch Plankonstruktion

Vor dem Hintergrund dieser Bandbreite verschiedener Formen wird die Gefahr eines zu **rigiden Verständnisses von Planung deutlich**. Wenn ein Lernprogramm abgearbeitet werden muss und die SchülerInnen zu einem fremdbestimmten Lernen gedrängt werden, entpuppt sich Wochenplanarbeit als verbrämter Frontalunterricht, der die Fremdbestimmung kaschiert. Auch ein Wochenplan, der sich ausschließlich aus einer Zusammenfassung der über die Woche verstreuten Stillarbeits- und Übungs-Phasen zusammensetzt, verdient diesen Namen nicht. Wer diesen Tendenzen

Planung: nicht rigide aufzufassen

entgehen möchte, muss einerseits den Anteil des Pflichtprogramms zugunsten selbstbestimmter Lernbereiche beschränken und andererseits die materialzentrierte Individualisierung zugunsten gemeinschaftlicher Erarbeitung zurücknehmen.

Probleme

Als Variante von Freiarbeit und Vorreiter des Projektunterrichts sieht sich Planarbeit mit ähnlichen **Problemen** wie seine Verwandten konfrontiert: Zunahme des Geräuschpegels, Attraktivität für Drückeberger und Störer, Phasen des Leerlaufs, Gefahr des Missverstehens bei unklarer Darstellung und ungenügender Einführung. Auch eignet sich nicht jeder Unterrichtsgegenstand für einen Wochenplan, sodass sein stringenter Einsatz in jeder Woche problematisch erscheint.

positive Potenziale

Bei einer wohldosierten Verwendung und einer sinnvollen Planung kann der Plan aber **positive Wirkungen** entfalten. Er bildet das Rückgrat der Arbeit, eine Orientierungshilfe für die SchülerInnen und den Rahmen für die Lehrkraft. Letztere vermag sich stärker auf das Anleiten, Helfen, Beraten und Moderieren zu konzentrieren. Sie kann die Lernfortschritte und -defizite genauer verfolgen sowie relativ einfach binnendifferenzierende Schritte einleiten, indem sie leistungsstärkeren SchülerInnen zusätzliche Aufgaben im vorgegebenen Zeitrahmen gibt. Besonders für Einsteiger mit Schwellenangst empfiehlt sich der *Unit Plan* – als lehrbuch-basierte und *task-sheet*-initiierte Synthese von Kontrolle und Freiheit.

5 Stationenlernen

Hintergrund

Der Kreis ist Vollkommenheit und Eingrenzung zugleich. Hanspeter Rings

Die Idee des Stationenlernens kann im Wesentlichen auf zwei Inspirationsquellen zurückgeführt werden. Zum einen ist es als Miniaturausgabe des **Dalton-Plans** von Helen Parkhurst zu betrachten. Die besonders von John Deweys pädagogischem Pragmatismus beeinflusste amerikanische Pädagogin installierte schon 1920 Fachräume, in denen die SchülerInnen mit Selbstbildungsmaterialien und Arbeitsanweisungen operieren konnten. Ähnlich wie beim Stationenlernen werden an eigens dafür vorgesehenen Orten bestimmte Aufgaben erledigt, so dass immer dann ein Ortswechsel erfolgt, wenn neue Aufgaben das Aufsuchen eines anderen Raumes oder eben einer anderen Station erforderlich machen.

Basis: Zirkeltraining aus dem Sport …

Zum anderen stand die Idee des **Zirkeltrainings** im Sportbereich Pate. 1952 entwickelten die beiden Engländer Adamson und Morgan ein Trainingssystem, das sie aufgrund seines Aufbaus *Circuit* (Rundlauf, Kreislauf) nannten. Diese sportmethodische Innovation beabsichtigte, durch festgelegte Übungsteile, die in einem zeitlich genau fixierten Intervall zwischen Aktivitäts- und Erholungsphasen zu absolvieren waren, die sportliche Leistung der Trainingsgruppe zu optimieren.

Die Idee des Zirkeltrainings wurde schließlich in den achtziger Jahren vom Sportbereich auf **andere Fächer** übertragen. Bauer (1997, 57) behauptet, dass 1980 an der Schallenberg-Grundschule in Aidlingen als Folge eines Lehrgangs über Arbeitsmaterialien für einen vielfältigen Leseunterricht der Begriff *Zirkeltraining* oder auch scherzhaft *Training für das Hirn* entstand. Die Verbreitung dieser Lernform erfolgte zunächst in der Grundschule und wurde allmählich auf andere Schularten inklusive Gymnasium ausgedehnt. Auch waren zunächst aufgrund des Fächerkanons der Grundschule weitgehend Mathematik, Deutsch und die Sachfächer betroffen. In den neunziger Jahren begannen dann LehrerInnen erstmals, das Lernen an Stationen auch im Fremdsprachenunterricht zu praktizieren.

... über den Leseunterricht der Grundschule ...

... bis in den gymnasialen Fremdsprachenunterricht

Begriff

Begriffsvielfalt als Assoziationsbasis

In der Literatur finden sich neben den Bezeichnungen *Stationenlernen* und *Lernen an Stationen* noch die Begriffe *Zirkeltraining, Zirkelprogramm, Lernzirkel, Übungszirkel, Lernzirkelarbeit* und *Stationenarbeit*, die trotz ihrer Ähnlichkeit **unterschiedliche Assoziationen** wecken. Bei den Namen *Zirkeltraining, Zirkelprogramm, Lernzirkel, Übungszirkel* und *Lernzirkelarbeit* zeigen sich noch die Spuren des Paten aus dem Sportbereich. Gleichzeitig wird der zirkuläre Ablauf der Bearbeitung evident. Zusätzlich impliziert *Übungszirkel* eine Reduzierung des thematischen Spektrums auf Übung und Wiederholung bereits bekannten Stoffes. Begriffe wie *Lernzirkelarbeit* und *Stationenarbeit* erinnern an den Arbeits- und Tätigkeitsbegriff, der für die reformpädagogische Epoche kennzeichnend war. Auch entstehen Querverbindungen zu zeitgenössischen Konzepten der Handlungsorientierung. Schließlich wird die Nähe zur Freiarbeit angedeutet. Die gebräuchlichsten und zu bevorzugenden Termini stellen wohl **Stationenlernen** bzw. **Lernen an Stationen** dar. Sie rücken mit dem ersten Teil des Kompositums das organisatorische Hauptmerkmal der Methode in den Mittelpunkt; sie umfassen mit dem Prozess des Lernens verschiedene Erarbeitungsmodi und beschränken sich nicht auf Übungszwecke; sie beschwören nicht missverständliche Assoziationen mit sportlicher Hochleistung und rigider Trainingsorganisation herauf; sie rufen nicht das Bild eines unbedingt herzustellenden Kreises hervor; sie suggerieren nicht Geschlossenheit und Vollständigkeit, sondern legen vielmehr nahe, dass das Lernen durch Offenheit und Wahlfreiheit geprägt sein kann.

gebräuchlichste Termini

Vergleicht man die verschiedenen Definitionen von *Stationenlernen*, so fallen neben stets wiederkehrenden Merkmalen gewisse Nuancierungen auf. Nach der vergleichenden Betrachtung mehrerer Definitionen gelangt schließlich Jürgens (1998, 147) zu einer detaillierten Begriffsbestimmung:

Zusammenfassend soll unter Stationenlernen eine Unterrichtsform verstanden werden, die selbsttätiges, aktives Lernen durch ein thematisches Angebot ermöglicht, das sich aus verschiedenen thematischen Schwerpunkten, Arbeitsaspekten bzw. Aufgabenstellungen zusammensetzt, die auf jeweils vorher festgelegte Orte, die Stationen, verteilt sind. Jede Station stellt somit einen einzelnen, eigenständigen Arbeitsauftrag bzw. ein einzelnes, eigenständiges Lernangebot aus dem Gesamtbereich des zur Bearbeitung anstehenden Unterrichtsthemas dar. Entsprechend den pädagogisch-didaktischen Grundsätzen von Wochenplan- und Freiarbeit sollten die Stationen vielfältige Möglichkeiten bieten, sowohl individuelles, differenzierendes als auch soziales Lernen zu realisieren.

Ziele

Mit dieser umfassenden Definition werden gleichzeitig die Intentionen klar, die Stationenlernen verfolgt und die bei allen Autoren in unterschiedlicher Akzentuierung auftauchen:

Akzentuierungen/ Teilziele

- Als eine spezifische Form differenzierenden Unterrichts will Stationenlernen den SchülerInnen unterschiedliche Lernangebote machen.
- Es knüpft an persönliche Schülerinteressen an und will neue Interessen anbahnen.
- Selbstständiges Lernen wird durch die Ermöglichung von Entscheidungsspielräumen und Freiräumen für mitbestimmende Planung und Gestaltung unterstützt.
- Für den Ausbau der Selbstverantwortlichkeit bedarf es systematischer Schulung in der Aneignung und Übung von Lerntechniken.
- Lernen erfolgt unter den Kategorien von Erfahrung, Entdeckung, Handlungsorientierung und Problemlösung.
- Stationenlernen spricht mehrere Verarbeitungskanäle sowie Intelligenzen an und zielt auf ganzheitliches Lernen.
- Stationenlernen fördert individuelle Lernvoraussetzungen wie Konzentration, Selbstdisziplin oder Selbsteinschätzung.
- Im kognitiven Bereich wird neben den Fachkompetenzen der Einblick in die Komplexität und Interdependenz von (Teil-)Themen ermöglicht.

- Stationenlernen will aber auch soziale Kompetenzen wie Teamwork, Zuhörenkönnen, Rücksichtnahme, Partner- und Gruppenorientierung, friedliche Konfliktregelung aufbauen.

Unterrichtsgestaltung

Wer eine Unterrichtsreihe an Lernstationen plant, kann sich an verschiedenen chronologischen **Planungsleitlinien** orientieren (Teichmann 2002a, 7):

Leitlinien für die Planung

(1) Auswahl des Themengebiets
(2) Definition der Zielperspektive (Leitfrage)
(3) Bestimmung der Teilziele (verschiedene Gegenstände)
(4) Bestimmung der Lernwege eines jeden Gegenstandes
(5) Formulierung von Arbeitsanweisungen
(6) (Selbst-)Evaluationsmöglichkeiten zur Umsetzung der Teilziele
(7) Präsentation der Schüler-Produkte
(8) Evaluation der Produkte (Beantwortung der Leitfrage)
(9) Manöverkritik

parallele Bearbeitung

Die Unterschiede der Planungsparameter von Stationenlernen zu denen einer konventionellen Unterrichtsreihe liegen darin, dass hier ein **zeitliches Nebeneinander** der Bearbeitung stattfindet, wo dort ein zeitliches Nacheinander der Gegenstände erfolgt. Während bei letzterem eine quantitative Beschränkung der Gegenstände vorgenommen werden muss, können bei ersterem eine größere Auswahl und ein perspektivenreicherer Zugang angeboten werden. Die angeführten Planungsparameter lassen auch eine **dreifache Evaluation** erkennen, wobei zwei Bewertungen auf der inhaltlichen und eine auf der methodischen Ebene stattfinden. Verschiedene Kombinationen von *self, peer* und *teacher assessment* sind hier denkbar.

Bewertungsmöglichkeiten

Die Leitlinien der Themenauswahl und Zielbestimmung implizieren auch eine Entscheidung über den **Lernmodus**. Dabei lässt sich beim Stationenlernen zunächst ein **Übungszirkel** von einem **Erarbeitungszirkel** unterscheiden. Beim Übungszirkel kann der Übungs- oder Wiederholungseffekt von nahezu jedem Teilbereich der Wortschatz- und Grammatikarbeit ausgehen. Die meist eintönige, da einkanalige Übungsphase kann durch Differenzierung von Aufgaben, Lernwegen und Lernkanälen anregender gestaltet werden. Beim Erarbeitungszirkel (z. B. Thaler 2004c) werden dagegen neue Lerngegenstände selbstständig erarbeitet.

Wie viele Stationen

Die **Anzahl der Stationen** – oder *learning bases* – hängt von verschiedenen Faktoren ab: Komplexität des Themas, Art und Zahl der angestrebten Feinziele, Größe der Klasse, Art der Lerninteressen, Lernniveaus der Gruppe, Vorhandensein von Materialien und Medien, zur Verfügung stehende

Zeit. Auf alle Fälle muss die Zahl so hoch sein, dass pro Station nicht zu viele SchülerInnen beschäftigt sind. Aus Gründen der Differenzierung ist es sinnvoll, mehr Arbeitsaufträge anzubieten, als von den Gruppen bearbeitet werden können, so dass SchülerInnen auswählen und unterschiedliche Zugänge finden können.

Zeitfragen

Die **Gesamtarbeitszeit** ergibt sich aus der Anzahl der Stationen und der eingeplanten Zeit pro Station. Sie orientiert sich an den curricularen Vorgaben, Vorstellungen der LehrerInnen und auch Wünschen der SchülerInnen. Grundsätzlich sind Gesamtzeiten zwischen einer Unterrichtsstunde und einem zweistelligen Stundenumfang möglich. Allerdings ist es „nicht sinnvoll, das Lernen an Stationen auf enge Zeiträume zu begrenzen" (BAUER 1997, 81), da erst eine längerfristige Anlage individuelle Arbeitstempi, gegenseitige Hilfe, Entwicklung neuer Interessen und das Erkennen der vernetzten Struktur komplexer Themen zur Geltung kommen lässt.

Typen von Stationen

Was die **Stationstypen** betrifft, können folgende Formen eingeplant werden (z. B. TEICHMANN 2002a, 7):

- *Broadcasting station* (Aufnahmestudio): Schulung von *oral skills*
- *Research station* (Recherchestation): Suchen nach Informationen
- *Receiving station* (Empfangsstation): Auswertung authentischer Radio- und TV-Programme
- *Writing station* (Schreibstation): Be- und Erarbeitung schriftlicher Vorlagen (auch mit PC)
- *Multimedia station* (Multimediastation): Arbeit mit interaktivem Lernmaterial
- *Experiential station* (Probierstation): Erfahrungsraum für sprachpraktisches Handeln
- *Multi-use station* (Mehrzweckstation): Angebote an verschiedene Lerntypen
- *Checkpoint station* (Lösungsstation): Auflegen von Lösungsblättern
- *Recreation station* (Entspannungsstation): Erfrischungsgetränke und Snacks

Lokalisierung

Beim **Ort der Stationen** lässt sich neben den Ecken innerhalb des Klassenzimmers und zusätzlicher leerer Räume im Schulgebäude in bestimmten Fällen auch an außerschulische Stationen (*British Council*, Amerikahaus etc.) denken.

Bearbeitungsmodi

Hinsichtlich des **Bearbeitungsrhythmus** der einzelnen Stationen ist zwischen einer festen Reihenfolge und einer freien Wählbarkeit zu unterscheiden. Falls die einzelnen Teilzielbereiche/Lerninhalte aufeinander aufbauen, muss die Reihenfolge fest vorgegeben sein. Da allerdings nicht alle SchülerInnen an der gleichen Station beginnen können, muss hier eine Entzerrung durch Variabilisierung der Anfangsstation (und Endstation) stattfinden. Eine weitere Möglichkeit der Entzerrung besteht darin, den gleichen Lerninhalt auf verschiedene Arten zu vermitteln, z. B. Lesen oder Hören eines Textes. Auch besteht die Möglichkeit der Unterteilung in einen Pflichtbereich (*compulsory stations*) und einen Wahlbereich (*supplementary stations*). Seinen räumlich-organisatorischen Ausdruck kann diese Differenzierung in Fundamentum und Additum in der Bildung eines Außenzirkels (verpflichtendes Programm) und eines Innenzirkels (Zusatzprogramm) finden.

Phasen

Die Durchführung der Stationenarbeit erfolgt gewöhnlich in vier (Jürgens 1998, 152 ff.) oder fünf **Phasen**. Die **Anfangs- und Problematisierungsphase** (Hinführungsphase) soll die thematische Auseinandersetzung anbahnen, Interesse wecken, Lernmotive aktivieren, die lebensweltliche Relevanz der Problematik verdeutlichen und vor allem die mehrdimensionale Bearbeitung anregen. In der **Vorbereitungs- und Erkundungsphase** (Rundgang) werden die einzelnen Stationen, Aufgabenstellungen, Wahlmöglichkeiten, Arbeitsregeln, Ordnung und Verwendung des Materials sowie Form der (Selbst-)Kontrolle erläutert. Der Rundgang durch die Stationen ermöglicht es dabei den SchülerInnen, sich Gedanken über die Bearbeitungsreihenfolge zu machen und ihre persönlichen Präferenzen festzulegen. In der **Arbeitsphase** (Arbeit an den Stationen) erfolgt die konkrete Beschäftigung mit den Arbeitsaufträgen. Wie diese im Einzelfall abläuft, hängt von den Freiräumen zur Selbststeuerung ab. Ob die SchülerInnen allein, zu zweit oder in Kleingruppen arbeiten, kann ihrem eigenen Lernrhythmus anheim gestellt oder durch Sozialform-Symbole an den einzelnen Stationen vorgegeben werden. Um Reibungsverluste zu vermeiden, sollten die Arbeitsanweisungen immer schriftlich an jeder Station ausliegen. In der **Schlussphase** (Zwischen- oder Schlusskreise) findet ein Auswertungsgespräch statt. Dieses Abschlussgespräch – und die zwischenzeitlichen Bilanzgespräche – dienen den SchülerInnen zur Selbstreflexion über ihre Lernprozesse. Auch die LehrerInnen erhalten ein *Feedback* über die interindividuellen Differenzen der Stoffaneignung, können inhaltliche, organisatorische und methodische Änderungen vornehmen sowie ihr eigenes Rollenverhalten überprüfen. In einer sich eventuell anschließenden **Präsentationsphase** können die Produkte der SchülerInnen einer breiteren Öffentlichkeit (Ausstellungsräume in der Schule, Schulfeste, Elternabende) zugänglich gemacht werden.

Sozialformen

Um einen geordneten und ertragreichen Ablauf des Stationenlernens zu ermöglichen, werden in der Literatur immer wieder unterrichtspraktische **Ordnungsregeln** empfohlen, die folgende Übersicht zusammenfasst:

Handlungsempfehlungen beim Stationenlernen

Handlungsanweisung	Zweck
Stationen sind fortlaufend zu nummerieren, …	… um eine problemlose Orientierung sicherzustellen.
Stationen sind räumlich getrennt und strukturiert anzuordnen, …	… damit die Struktur des Zirkels mühelos erkennbar ist und die SchülerInnen ungestört arbeiten können.
SchülerInnen bekommen einen Laufzettel, auf dem alle Stationen vermerkt sind und erledigte Aufgaben markiert werden, …	… um die weitere Arbeit planen zu können und dem Lehrer einen Überblick über die Arbeitsstände der SchülerInnen zu geben.
Anzahl der zu bearbeitenden Aufgaben (und Pflichtpensum) sind zu Beginn deutlich anzukündigen, …	… um Missverständnisse und Drückebergerei zu vermeiden.
Alle Verhaltensregeln werden zu Beginn erläutert, …	… um spätere Reibungsverluste zu minimieren.
Anweisungen liegen an jeder Station schriftlich aus, …	… damit sich jeder über die Aufgaben rückversichern und ohne Lehrerunterstützung arbeiten kann.
Benutzte Materialien müssen in die Ausgangssituation zurückgebracht werden, …	… damit nachfolgende SchülerInnen sofort anfangen können.
Es müssen Ablagemöglichkeiten (Hängeregistratur) geschaffen werden, …	… damit die Materialien am Folgetag wieder zur Verfügung stehen.
Das Material sollte haltbar sein und ästhetischen Ansprüchen genügen, …	… damit ein wiederholter Umgang damit möglich und attraktiv wird.
Für die Arbeit an den einzelnen Stationen und die Auswertungsphase ist genügend Zeit einzuplanen, …	… um eine intensive Auseinandersetzung mit dem Lernstoff und eine kritische Reflexion zu ermöglichen.
Die Aufgaben sollten so vielfältig wie möglich sein, …	… um verschiedene Interessengebiete und Lerntypen anzusprechen.
Regeln für das soziale Miteinander sollten gemeinsam erarbeitet werden, …	… um die allgemeine Akzeptanz zu erhöhen.
Der erste Lernzirkel sollte auch mehrere geschlossene Aufgabenstellungen enthalten, …	… damit die SchülerInnen langsam an das Stationenlernen herangeführt werden.

Ergebnisse

Inzwischen gibt es zahlreiche Unterrichtsmodelle für die verschiedensten Fächer. Der Englischunterricht hinkte allerdings bis vor kurzem hinterher. Die folgende Tabelle gibt eine Zusammenfassung konkret durchgeführter und von den beteiligten Lehrkräften bewerteter **Unterrichtsreihen**.

hohe Einsatzflexibilität

Die Synopse zeigt, dass Stationenlernen sehr **flexibel** eingesetzt werden kann. Es hat in den verschiedensten Schularten – Grundschule bis Universität – und Lernjahren – Anfänger bis Fortgeschrittene – seinen Platz. Es können Übungszirkel zu Grammatikproblemen (Fruhmann 2002, Händeler 2002), Erarbeitungszirkel zu literarischen Werken (Wilkening 2002, Schunke 2002, Flachmann/Siegmund 2002), landeskundlichen Themen (Schumann 2002, Eisermann 2002, Teichmann 2002) und Spielfilmen (Hagemann 2002) durchgeführt werden. Das Lernen des Stationenlernens mit Hilfe von Stationenlernen in der universitären Lehrerausbildung (Ahlmann/Bahns 2002) kann als gelungenes Beispiel für die Kongruenz von Inhalt und Methode (*loop input*) betrachtet werden. Die verschiedenen Modelle offenbaren die ganze Bandbreite an Aufgaben, Sozialformen, Materialien, Medien, Stationstypen und Techniken. Es zeigt sich auch, dass SchülerInnen aktiv in die Gestaltung von Lernzirkeln einbezogen werden können.

positives LehrerInnen-Feedback

Die Lehrkräfte beurteilen die von ihnen durchgeführten Beispiele durchweg **positiv**. Immer wieder wird der hohe motivationale Wert (Spaß, Freude, Abwechslung, Interesse, Engagement, Begeisterung) betont, der auch von den beteiligten SchülerInnen ausdrücklich hervorgehoben wird. Neben diesen affektiven Aspekten wird häufig auf die Möglichkeiten autonom-selbstständig-entdeckenden Lernens abgehoben. Die weitgehend guten Lernergebnisse werden auf intensive individuelle Arbeit, erhöhte Redeanteile und klärende informelle Gespräche zurückgeführt, da das Nicht-Verstandene häufiger zum Anlass für Nachfrage und Auseinandersetzung wird. Auch das Potenzial für Binnendifferenzierung sowie soziales Lernen spielt eine große Rolle. An Hindernissen wird gelegentlich nur auf organisatorische und zeitliche Probleme verwiesen. Bei diesem sehr positiven Gesamtbild darf natürlich die grundsätzlich beschränkte Aussagekraft deskriptiver Daten (mangelnde Reliabilität, Eigeninteresse bei der Beurteilung persönlich durchgeführter Projekte) sowie die Tatsache nicht vergessen werden, dass der Fokus der einzelnen Darstellungen – mit Ausnahme von Doffs sehr profunden Evaluation (2002) – auf der Beschreibung der Beispiele und nicht auf einer kritischen Evaluation des eigenen Tuns liegt.

Problempotenzial

Durchgeführte Unterrichtsprojekte via Stationenlernen

Autoren	Schule	Thema	Intention	S	Materialien, Medien	Beurteilung
Wilkening 2002	Gym 6	*The Boy in the Moon*	Nachbereitung einer Lektüre, Entwicklung der Stationen durch SchülerInnen	6	Laufzettel, Stationenkarten, Kassettenrek., Puppen	kreative Aktivitäten: Puppenspiel, *wall poster*, Memory; hohe Motivation
Schumann 2002	RS 7	London	Spielerische Entdeckung der englischen Hauptstadt	3	Memory, Stadtplan, U-Bahn-Plan, Prospekt, Lehrbuch, Bastelbogen	Spaß an spielerischem Lernen
Fruhmann 2002	HS 7	*Tenses*	Übungszirkel zu Formen und Funktionen von Zeiten	6	Quadromino, *word grid*, PC-Software, Spielbrett, Dias	Begeisterung, Erfolgserlebnisse, Verbindung traditioneller und offener Formen
Eisermann 2002	MS 9/10	*The Land of the Maple Leaf*	Einführung in das Land Kanada	12	Arbeitsblätter, Texte, Landkarte, Popsong	positives Lehrer-Schüler-Verhältnis, hohe Schüleraktivität, enormer Zeitaufwand, schwierige Kalkulation des Zeitlimits, Notwendigkeit der Mischung geschlossener und offener Verfahren
Doff 2002	Gym 10	*American Dream*	Überblick zu verschiedenen Aspekten des *American Dream*	11	CD, Film, Internet, Arbeitsblätter	Sehr detaillierte Evaluation durch SchülerInnen, StudentInnen, Dozentin, Lehrkraft; positive Beurteilung, aber hoher Vorbereitungsaufwand

Händeler 2002	Gym GK	*Grammar Revision*	Übungszirkel Grammatik-Wiederholung	11	Regelblätter, Arbeitsblätter mit Stufung, Lösungsblätter	Differenzierungsmöglichkeit, Selbstkontrolle, Interesse und Konzentration, Bewegungsfreiheit, Interaktionsmöglichkeiten
Hagemann 2002	Gym 11	*Forrest Gump*	Film literacy	4	Film, Arbeitsblätter, Fotos, Kamera, Video- und Kassettenrek.	Berücksichtigung unterschiedlicher Eingangskanäle, handelndes Lernen
Schunke 2002	Gym 11	*Lord of the Flies*	Schulung des Leseverstehens	4	Textauszüge, *Rallye cards*, Lösungsblätter	hohe Motivation, intensive Arbeit, effektive Heranführung an Lesestrategien, Sensibilisierung für inhaltliche Aussagen
Teichmann 2002b	Ges. Sch. Sek II	*Cultures in post-colonial Africa*	Problematisierung kolonialer Strukturen	7	Skulpturen, Bilder, Fotos, Töpferhandwerk, Musik	gute Schülerprodukte, Vorteil unterschiedlicher Personenkonstellationen, *genuineness* der Materialien, Problem des Transports der Exponate
Flachmann/ Siegmund 2002	Ges. Sch. GK LK 12	*Brush up your Shakespeare*	Einführung in Leben und Werk des Barden	14	*Internet, books, audio cassette, mural chart, film, illustrations, texts, maps, statistics*	sehr positive Resonanz, engagierte Arbeit, Neugierde auf Werke Shakespeares, Differenzierung nach Aufgaben und Materialien
Mendez 2003	Gym Oberstufe	*Art*	Einblick in Kunstformen	6	Bilder, Internet, Roman, Tonskulpturen	zielorientierte und aufgabenadäquate Arbeit, hohe Motivation, ansprechende Qualität der Produkte
Ahlmann/ Bahns 2002	Uni	a) Wege zum offenen Unterricht b) Wege zur Lehrerautonomie	a) Hauptseminar b) Wissenschaftliche Übung zum Stationenlernen	a) 20 b) 6	a) Laufzettel, Textauszüge, Karteien, Spiele b) Texte, Hörkassette	a) positives Echo, zeitvergessende Auseinandersetzung, aber zu hohe Stationenzahl b) Freude, emsige Betriebsamkeit generell: geeigneter Einstieg in offene Lernformen, Erlebbarmachen autonomer Formen

Beurteilung

aktuell große Beliebtheit

Das Lernen an Stationen gehört momentan zu den **beliebtesten** Formen des offenen Unterrichts in Deutschland. In zunehmendem Maße trifft diese generelle Feststellung auch speziell für den Englischunterricht zu. Informelle Gespräche und Umfragen legen den Schluss nahe, dass immer mehr – vor allem junge – Lehrkräfte diese Art des Unterrichtens ausprobieren. Die Auswertung der vorhandenen deskriptiven Daten lässt Stationenlernen in einem recht positiven Licht erscheinen. Allerdings fehlen noch umfangreichere, differenziertere und systematischere Studien auf den Beobachtungs-, Effektivitäts- und Vergleichsebenen, um fundiertere Urteile abgeben zu können.

... aufgrund hoher Flexibilität

Die Popularität des Stationenlernens lässt sich auf die **Flexibilität** und Variabilisierung dieser Methode zurückführen. Nach HEGELE liegt die Beliebtheit „neben ihrer einfachen Struktur, ihrer vielseitigen Verwendbarkeit und ihrer klaren Orientierung an reformpädagogischen Prinzipien vor allem oder gerade in ihrer vermittelnden Position zwischen eher offenem und stärker geschlossenem Unterricht" (1996, 8). Sie weist darauf hin, dass das Konzept des Stationenlernens *in praxi* in einer großen Bandbreite zwischen den Polen Geschlossenheit und Offenheit implementiert werden kann. Unterschiedliche Grade der Selbststeuerung durch den Lerner in verschiedenen Zielbereichen sind realisierbar.

Öffnungsgrade

JÜRGENS (1998, 148) entwickelte eine Matrix mit elf verschiedenen Unterrichtsfaktoren für das Stationenlernen, mit deren Hilfe die Wechselbeziehung zwischen den Polen **Geschlossenheit und Offenheit** offenkundig wird. Für jedes Kriterium nimmt die Offenheit (Entscheidungsfreiheit) von links nach rechts zu, wodurch sich sowohl insgesamt verschiedene Öffnungsgrade als auch zwischen den Kriterien verschiedene Ausprägungen der Öffnung vorstellen lassen. Die Matrix verdeutlicht die methodische Variabilität des Stationenlernens, denn reglementiertere Lernphasen können sich mit selbstgesteuerten abwechseln und das gesamte Stationenarrangement kann freier oder gelenkter gestaltet werden.

Lernen an Stationen zwischen Geschlossenheit und Offenheit

Unterrichtsfaktoren	Geschlossenheit ... von Lehrenden ...	Offenheit ... von SchülerInnen ...
Lerninhalte/-themen	vorgegeben	eingebracht bzw. mitbestimmt
Aufgabenstellungen, Themenschwerpunkte, Arbeitsaufträge, Fragestellungen	entwickelt und festgelegt	(mit)geplant und (mit) entwickelt bzw. vorgeschlagen
Auswahl der Aufgabenstellungen etc.	verpflichtend gemacht	entscheidbar
Materialien	ausgewählt bzw. hergestellt	auswählbar bzw. selbst hergestellt
Arbeitsmethoden, Lerntechniken	vorgeschrieben	frei wählbar
Differenzierung	nach Leistung, qualitativ und quantitativ, Fremddifferenzierung	Selbstdifferenzierung
Kontrolle	Fremdkontrolle	Selbstkontrolle
Sozialform	bestimmt	selbst wählbar
Zeit	Gesamtdauer und Bearbeitungszeit pro Station festgesetzt	Gesamtdauer limitiert, aber Bearbeitungszeit pro Station selbst begrenzbar
Wechselmodalitäten	reglementiert	regelbar
Entspannung und Konzentration	Regelung der Pausen (zum Beispiel entsprechend dem Stundenraster) festgelegt	individuelle Pausenregelung

didaktische Rahmenorientierung

Da Stationenlernen sehr unterschiedlich umgesetzt werden kann, stellt sich die Frage nach **Orientierungspunkten** für die Wahl eines bestimmten Settings. Wenn man sich am Didaktischen Dreieck orientiert, ist der Öffnungsgrad abhängig von den Intentionen der Lehrkraft, der Beschaffenheit des Themas und den Interessen, Lernvoraussetzungen und Vorerfahrungen der SchülerInnen. Nicht jedes Thema eignet sich für Stationenlernen, denn es muss multidimensional strukturiert sein, um eine Bearbeitung mehrerer Teilaspekte zu ermöglichen und gleichzeitig die Interdependenz der einzelnen Zielbereiche zum Vorschein kommen zu lassen. Die Unterrichtssequenzen in der Tabelle S. 68 f. stellen weitgehend gelungene Beispiele für

thematisch

diesen analysierend-synthetisierenden Doppelcharakter des Themas dar. Die einzelnen Teilthemen müssen dabei Selbstständigkeit erlauben, d. h. sie dürfen nicht die Aufmerksamkeit aller erfordern oder die Verständigung in einem Plenumsgespräch verlangen. Wenn die Lehrkraft und SchülerInnen noch keine große Erfahrung mit Stationenlernen besitzen, bietet sich zu Beginn ein Arrangement mit noch starker Lehrersteuerung und gleichzeitig geringer Öffnung an. Das Thema wird dem Lehrplan entnommen; die Aufgabenstellungen, Materialien und Bearbeitungszeiten werden von der Lehrkraft festgelegt; die SchülerInnen erhalten erste Freiräume bei der Wahl der Sozialform, der Art der Kontrolle (Möglichkeit der Selbstkontrolle) und einer beschränkten Themenwahl (Wahlaufgaben). In späteren Vorhaben kann die Öffnung sukzessive erhöht werden, indem die SchülerInnen Bearbeitungszeiten und Lerntechniken bestimmen, Mitspracherechte bei der Bestimmung der Themen/Teilziele bekommen oder gar einzelne Stationen selbst entwickeln und gestalten.

Steuerungsgrad durch Lehrende/ Lernende

Ob Stationenlernen zu einer Verbesserung der Lernprozesse führt, lässt sich pauschal nicht beantworten. Die **Qualität** dieser Methode muss im Einzelfall geprüft werden. Wenn an jeder Station ein landeskundlicher Text ausliegt, der gelesen und analysiert werden muss; oder wenn die Arbeitsblätter, die im herkömmlichen Englischunterricht nacheinander bearbeitet werden, nun gleichzeitig auf verschiedene Stationen verteilt werden; oder wenn die Freiheit der SchülerInnen sich im Ortswechsel von einer Station zur nächsten erschöpft – dann werden neue Arbeits-, Lern- und Erkenntniswege nicht beschritten.

keine pauschale, sondern individuelle Bewertung

Das **Potenzial**, das im Stationenlernen steckt, muss auch ausgeschöpft werden. Dies bedeutet, dass Angebote zur Differenzierung auf verschiedenen Ebenen gemacht werden. So sollten die Aufgaben und Materialien sowohl unterschiedliche Begabungen und Lerntempi der Schüler berücksichtigen als auch unterschiedliche Lerntypen ansprechen (Lesetexte und Karikaturen für den visuellen Typus, Hörtexte und Songs für den auditiven Typus, Realia für den kinästhetischen Typus etc.). Neben dem Differenzierungspotenzial ist die Chance für autonomes Lernen zu nützen. So können beispielsweise Selbstkontrollmöglichkeiten den SchülerInnen helfen, ihren eigenen Lernprozess intensiver zu kontrollieren.

Potenziale realisieren

Arbeitsaufwand und Zeitbedarf stellen natürlich **Probleme** dar. Die Entwicklung eines sinnvollen Zirkels und die abwechslungsreiche Ausstattung der Stationen nehmen viel Zeit in Anspruch. Allerdings wird die Lehrkraft dafür bei der Durchführung des Unterrichts stark entlastet. Ihr bieten sich dadurch ausgezeichnete Beobachtungsmöglichkeiten, und sie kann die Rol-

Probleme überwinden

le des individuellen Beraters verstärkt einnehmen. Eine zeitliche Entlastung kann auch dadurch erreicht werden, dass ein Zirkel von mehreren LehrerInnen gemeinsam entwickelt oder ein gelungener Stationsbetrieb wiederholt verwendet wird.

6 *Storyline*

Hintergrund

Seinen Ausgangspunkt nahm der *Storyline Approach* in **Schottland** in den 60er Jahren des vergangenen Jahrhunderts (Bell 1995). In den Lehrplänen der Grundschulen fanden wesentliche Veränderungen in Richtung ganzheitlichen und **fächerübergreifenden Unterricht** statt. Vormals separate Fächer wie Geschichte, Geographie, Mathematik und Naturwissenschaften wurden in ein Fach, *environmental studies*, integriert. Bei dieser curricularen Neuorientierung benötigte man – auch aufgrund fehlender Lehrwerke – ein neues methodisches Verfahren zur Planung von fächerübergreifendem Unterricht. Deshalb wurde ab 1967 am Jordanhill College of Education in Glasgow von örtlichen LehrerInnen ein lehrwerkunabhängiges, themenzentriertes, integratives Verfahren für den Unterricht entwickelt. Entgegensteuern wollte man der unnatürlichen Aufteilung des Schultages in Fächer und Stunde, der Stofffülle sowie der Isolierung der Schule von der Außenwelt.

Creative minds have always been known to survive any kind of bad training.
Anna Freud

fächerintegrativ, lehrwerkunabhängig, themenzentriert

Daneben ist *Storyline* eine besondere Variante des ***story approach*** im Grundschul-Unterricht. Das Erzählen von Geschichten (*story telling*) kann als übergeordnetes Unterrichtskonzept für fächerübergreifendes Lernen dienen oder im Fremdsprachenunterricht zur Förderung rezeptiver Kompetenzen eingesetzt werden. Geschichten vermitteln Motivation, Spaß, Identifikationsangebote für die ZuhörerInnen, eine Brücke zwischen Fantasie und Wirklichkeit sowie vielfältigste Lernimpulse (Wright 1995).

Unterrichtskonzept: Geschichten erzählen

In Deutschland machte sich vor allem die **Pädagogische Hochschule Freiburg** um die Verbreitung von *Storyline* verdient. Klaus-Dieter Fehse und Doris Kocher standen in direktem Austausch mit Steve Bell, konzipierten neue Modelle und erprobten diese erfolgreich mit ihren StudentInnen in den Schulen (Fehse 1995; Kocher 1999).

Begriff

Bei *Storyline* wird ein Unterrichtsthema mit Hilfe einer zusammenhängenden Geschichte durch die Lernenden erarbeitet. Dabei orientiert man sich an der narrativen Form der ***storyline***. Diese *storyline* (*first episodes – next*

methodisches Vorgehen

episodes – last episode) stellt den Rahmen dar für das ***narrative outline*** (*opening – development via setting, introduction of characters, creation of ways of living – incidents – ending*) und das ***pedagogical outline*** (*structuring and exploration of problems via key questions, tasks, activities, media, cooperation, interaction*). *Storyline* dient dazu, Organisation, Zusammenhang und Bedeutung im Unterrichtsverlauf herzustellen.

Zusammenarbeit aller

Da LehrerIn und SchülerInnen gemeinsam zu mitverantwortlichen Teilnehmenden beim Prozess der Erstellung der Geschichte werden, wird auch der Begriff ***collaborative story making*** verwendet. Erst durch die Zusammenarbeit aller am Unterricht beteiligten Personen kann die Geschichte ihrem Ende zugeführt werden.

Ziele

Zielaspekte

Die Vertreter dieses Ansatzes betonen immer wieder folgende Aspekte des Lernprozesses:

- inhaltsorientiertes Arbeiten
- inhaltsbezogen-zweckbestimmte Kommunikation
- aktive Mitgestaltung des Lernprozesses
- Förderung kreativen Arbeitens
- ganzheitlich-handlungsorientiertes Lernen
- praktisches Lernen
- entdeckendes Lernen
- kooperatives Lernen
- motivierende Lernumgebung

Unterrichtsgestaltung

Handlungsrahmen

Betrachtet man die einzelnen **Phasen** der Arbeit mit *Storyline*, so wählt zunächst die Lehrkraft möglichst unter Mitbeteiligung der SchülerInnen ein Thema aus. Danach konzipiert sie einen Handlungsrahmen mit den wesentlichen Bestandteilen der geplanten Geschichte. Zu diesem Handlungsgerüst gehören:

- die handelnden Personen
- ihr räumlich-zeitliches Umfeld
- eine Kette von Episoden
- mindestens ein Überraschungsmoment
- ein logischer Schluss

Ausgestaltung

So ergibt sich eine zusammenhängende, um ein bestimmtes Thema kreisende Abfolge von Einzelereignissen. Dieser in groben Zügen vorhandene Szenarienrahmen wird nun von den SchülerInnen in Einzel- und Kleingruppenarbeit eigenständig ausgestaltet. Sie benennen die Personen und entwickeln deren Biografien, visualisieren den Verlauf der Geschichte und treffen Entscheidungen über die nächsten Handlungsschritte.

Zu den charakteristischen **Arbeitstechniken**, die bei *Storyline* immer wieder Anwendung finden, zählen insbesondere die folgenden drei:

Arbeitstechniken bei „Storyline"

Arbeitstechnik	Beschreibung	Funktion
Collagen	Gestaltung der zwei- oder dreidimensionalen Figuren und ihrer Lebensumgebung, anschließende Zusammenstellung	• persönliches Besitzverhältnis • Förderung der Identifikation • emotionales Engagement
Wandfries	Präsentation der Einzel- und Gruppenprodukte auf Stellwänden im Klassenzimmer	• Illustration des Themenkontextes • Darstellung der Chronologie • Kontinuität • Konfrontation mit Arbeitsresultaten • kreatives Spiegelbild der Unterrichtsarbeit • Aufforderungscharakter • Identifikation mit Lerngegenstand • Erfolgserlebnis • Bindeglied Klassenzimmer – Außenwelt • Aufzeigen von Lösungsalternativen • optisch anregende Lernatmosphäre
Wordbanks	systematisch strukturierte Listen mit thematisch relevantem Wortschatz, als Poster im Klassenzimmer aufgehängt	• Entlastung und Ergänzung des inhaltsorientierten Lernens • Präsenzlexikon

Materialien: handlungsorientiert

Um diese Arbeitstechniken umzusetzen, sind entsprechende **Materialien** vonnöten. Dazu gehören Bastelutensilien, Broschüren, Wandkarten, Lexika, Wörterbücher, auditive und audiovisuelle Medien. Hier spiegelt sich der auf Handlungsorientierung, Arbeitsteilung und praktisches Lernen zielende Ansatz konkret wider.

vorrangig Gruppenarbeit

Bei den **Sozialformen** dominieren die Gruppen- und Partnerarbeit. Jede Gruppe versucht, ihre Aufgabe selbstständig zu lösen. Kooperation, Ergebnisorientierung und Praxisbezug werden dabei angestrebt.

Zeitfragen

Was die **Zeitdauer** betrifft, lässt sich im Rahmen des traditionellen Englischunterrichts eine zusammenhängende Unterrichtsreihe in vier bis sechs Doppelstunden gestalten. Pro Episode ist durchschnittlich eine Doppelstunde zu veranschlagen. Um sich auf ein Thema intensiv zu konzentrieren, den Handlungsrahmen individuell auszugestalten und die Geschichte sinnvoll zu Ende zu führen, ist eine adäquate Realisierung von *Storyline* in kürzerer Zeit und im 45-Minuten-Rhythmus kaum möglich.

Integration in die Lehrbuchprogression

Die **Integration** in den Unterricht kann in der Form des Ersatzes einer Lehrbucheinheit durch eine besser passende *Storyline* erfolgen. Thematischer Bezug, Wortschatz und Strukturen einer Unit werden beibehalten, aber in die narrative Struktur einer Geschichte eingebunden. Neben dieser methodisch-didaktischen Variante der Unit-Arbeit ist auch eine gelegentliche Ergänzung zum Lehrwerk mit eigenem Thema denkbar. *Storyline* kann etwa in Plateauphasen helfen, theoretische Kenntnisse zu vertiefen und praktisch anzuwenden. Bei den Adaptionen des *Storyline Approach* für den Fremdsprachenunterricht ist jedoch „grundsätzlich nicht an eine Alternative zum Lehrbuchunterricht gedacht" (Fehse 1995, 34).

Ergebnisse

Erfahrungen aus Dänemark …

Mit Anfängern im Englischunterricht (9–10 Jahre) wurde eine *Storyline* zu *The Vikings* in einer dänischen Schule durchgeführt (Kock 1995). Die Lehrkräfte verschiedener Fächer (Dänisch als Muttersprache, Geschichte, Religion, Kunst, Englisch als Fremdsprache) benötigten sechs Stunden für das *collaborative storymaking*. Zwei Lehrer führten die Geschichte dann zwei Monate durch, wobei die Englischstunde auf Englisch, die Dänischstunde auf Dänisch gehalten wurde. Sie konstatierten ein großes Engagement und effektives Wortschatzlernen. Abschließend verweist die Autorin auf die rasche Verbreitung der neuen Methode in dänischen Schulen und die Vielzahl an entsprechenden Fortbildungsveranstaltungen.

… und Freiburg

An deutschen Schulen wurde das Verfahren vorwiegend in (Freiburger) Realschulklassen empirisch getestet. Eine Anbindung an den thematischen Schwerpunkt der ersten Lehrbucheinheit, *The Farm* (English G Ausgabe B), erfolgte in einer 6. Klasse (Fehse 1995, 35 ff.). Die durch Unterrichtsbeobachtung und kurze schriftliche Schülerbefragungen gewonnenen Ergebnisse sind durchaus ermunternd. Besonders positive Aufnahme fand das kooperative, praktische, ergebnisorientierte Lernen, und der neue Wortschatz wurde in vielfältiger Weise aufgenommen und verarbeitet.

Witches verfolgten fünf Doppelstunden lang die SchülerInnen einer 7. Realschulklasse (Fehse/Schocker-von Ditfurth 1996, 23 f.). Die Autoren beurteilten diese Einheit als gelungenes Beispiel für selbstgesteuertes, kreatives, engagiertes Lernen, „das im Klassenzimmer seinen Ausgang nimmt und in diesem Fall in häuslicher Arbeit ergänzt wird (Musikwahl, Tanzprobe, Kostüme, graphische Textgestaltung)" (ib., 24).

Die Lernenden einer 9. und 10. Realschulklasse malten sich in sechs Doppelstunden ihre *Ideal School* aus (Fehse/Kocher 1998, 258 ff.). Die abschließende Befragung brachte ein großes Interesse und hohe Ansprüche an ihre Arbeit zutage. Der Reichtum an Ideen und die Vielfalt der Ergebnisse bewiesen, dass der Verschiedenartigkeit der SchülerInnen Rechnung getragen wurde. Sie erhielten Gelegenheit zu inhaltsbezogener Kommunikation, sozialem Lernen und Einblicken in die Anforderungen der Arbeits- und Berufswelt.

Kidnapped in Scotland war vier Doppelstunden lang eine 7. Realschulklasse (Fehse/Kocher 2000). Die SchülerInnen zeigten hohes Engagement, als positivste Erfahrung wurde von ihnen das kooperative Lernen und Arbeiten empfunden; sehr motivierend war die eigene Medienproduktion mit Hilfe der Videokamera. Der Rückfall in die Muttersprache erfolgte zwar insbesondere während der Bastelarbeiten. Bei den Präsentationsphasen fand dafür inhaltsorientierte fremdsprachliche Interaktion statt.

„Alle bisherigen Unterrichtsversuche haben eine deutlich gesteigerte **Motivation** bei den Schülerinnen und Schülern erkennen lassen" (Fehse/Kocher 1998, 260). Dieses Fazit muss allerdings aufgrund der bislang nicht allzu breiten Basis empirischer Daten etwas relativiert werden.

Beurteilung

Elemente von Geschlossenheit

Merkmale von **Geschlossenheit** sind bei *Storyline* unverkennbar. Es bietet keine lose Folge unverbundener Einzelepisoden, sondern ist durch inhaltliche Kohärenz geprägt. Der Handlungsrahmen wird von so genannten *key questions* der Lehrkraft bestimmt. Aufgrund dieses Leitfadens von Schlüsselfragen, welche die Handlung strukturieren und die Episoden einleiten, wird die Eigenverantwortung der Lernenden eingeschränkt.

Öffnungsgrade

Innerhalb dieses Strukturrahmens sind allerdings genügend Möglichkeiten für **offenen** Unterricht angelegt. Die *key questions* sind ziemlich offen und animieren die SchülerInnen zum selbstständigen Lösen von Aufgaben. Die Lernenden verfügen über reichlich Spielraum, einzelne Handlungsmomente individuell oder kollaborativ auszugestalten. Sie charakterisieren ihre Personen, geben ihnen eine eigene Identität, schmücken die Lebensumwelt der Akteure aus und erfinden weitere Details. Bei solchem Mitgestalten wird ein breites Spektrum von Fertigkeiten, Lerntechniken, Sozialformen und Tätigkeiten angesprochen. Wenn auch nicht durchgehend, so erhalten die SchülerInnen doch phasenweise verschiedene Möglichkeiten des selbstbestimmten Lernens. Die Lehrkraft als *educational designer* und *facilitator* kann sich verstärkt darauf beschränken, Thema und Plot zu finden, Materialien bereitzustellen, die SchülerInnen zu beraten, Impulse zu geben und sich als Ko-Konstrukteur der Geschichte zu beteiligen.

Aufgaben der Lehrkraft

Durch *Storyline* ergibt sich also ein Englischunterricht, der von der Lehrkraft und den Lernenden **gemeinsam erschaffen** wird. „The teacher is in control but the pupils *feel* that it is *their* story. It is truly a partnership … The pupils *want* to participate because they are listening, talking, reading and writing about *their own* creations“ (BELL 1995, 8). Einerseits gibt es eine **lehrergesteuerte Vorstrukturierung** des Unterrichtsgeschehens, andererseits genügend Möglichkeiten zum **selbstbestimmten Lernen**. SchülerInnen und LehrerInnen gestalten gemeinsam ihre Geschichte, deren Verlauf und Ergebnis ziemlich offen sind. „Das Storyline-Modell nimmt eine Zwischenstellung ein zwischen lehrerzentriertem Frontalunterricht und autonomem Klassenzimmer“ (FEHSE/KOCHER 1998, 260). Deswegen ist es zu bedauern, dass sich die anfängliche Begeisterung für diesen Ansatz in manchen fachdidaktischen Kreisen nicht in einer nennenswerten Anwendungsverbreitung – im Gegensatz zu Skandinavien, zumindest nicht in Deutschland – niedergeschlagen hat, denn

Kooperation von Lernenden und Lehrenden

> *Storyline ist kein Allheilmittel für die Erneuerung des Fremdsprachenunterrichts, aber ein Ansatz, der dazu beitragen kann, den Unterricht offener, aktiver, schülernäher und kreativer zu gestalten und dadurch bei Schülern mehr Motivation, Interesse und Engagement zu erzeugen.* (FEHSE 1995, 47)

7 *Participatory Approach*

Hintergrund

Experience is not what happens to you; it's what you do with what happens to you. Aldous Huxley

Der *Participatory Approach* basiert auf der Arbeit von PAULO FREIRE im Brasilien der frühen sechziger Jahre (FREIRE 1972; FREIRE/MACEDO 1987). Er propagierte eine emanzipatorische Bildung und ermutigte die Menschen, ihre realen Erfahrungen kritisch zu reflektieren. Für die Bauern und Slumbewohner seiner Heimat entwickelte er ein muttersprachliches Alphabetisierungsprogramm, denn er sah die Lese- und Schreibfähigkeit als Katalysator sozialen Wandels. Um Erfolge zu erreichen, verwickelte er die Lerner in Dialoge über Probleme in ihrem Leben. Diese Dialoge bildeten einerseits die Grundlage für ihre sprachliche Entwicklung hin zu lese- und schreibkundigen Menschen, andererseits sollten sie Handlungskompetenz zum Zwecke der Verbesserung ihrer sozialen Situation befördern.

Lebensrealität: Material und Zielhorizont

Er wandte sich **gegen** das ***banking concept of education***, bei dem die primäre Rolle des Lehrers darin besteht, als Hüter des Wissens seine Kenntnisse auf die Schüler zu übertragen – im gleichen Sinn, wie man Geld auf der Bank einzahlt. Dagegen ist FREIREsche Bildung gekennzeichnet durch einen wechselseitigen Prozess, bei dem die kulturelle Identität des Lernenden entwickelt wird. Die Form des Vortrags, bei dem der Lehrer spricht und die Schüler passiv zuhören, wird durch den *culture circle* ersetzt, bei dem beide Partner einander gegenüber sitzen und existentielle Probleme erörtern.

Wissen nutzen statt horten

Begriff

Der Terminus *Participatory Approach* stammt vor allem aus der *ESL- (English as a Second Language)* Literatur und bezeichnet ein Lernen, das auf den Problemen und Bedürfnissen der Lernenden fußt. Das Was (Curriculum) und das Wie (Unterricht) des Lernprozesses werden von den Lehrenden in Zusammenarbeit mit den Lernenden entwickelt.

Lernerbedürfnisse: Basis für Was und Wie

Da die Bearbeitung von Problemen im Zentrum dieses Ansatzes steht, ist auch der Begriff ***problem-posing approach*** weit verbreitet:

> *Problem-posing is based on the premise that education starts with issues in people's lives and, through dialogue, encourages students to develop a critical view of their lives and the ways to act to enhance their self-esteem, and improve their lives.*
>
> (WALLERSTEIN 1983, 3)

Problem-posing wird als Mittel für die Entwicklung kritischen Denkvermögens gesehen. In einem induktiven Frageprozess werden die Studenten von einem beschreibenden Niveau sukzessive zu einem analytischen Niveau gehoben. Als Stimulans für das *problem-posing* dienen *codes*, i. e. konkrete Darstellungen des Problems (Fotografien, Zeichnungen, Collagen, Geschichten, Lieder, Filme, schriftliche Dialoge), die emotional geladen sind und auf die widersprüchliche Natur des Problems hinweisen.

problem-posing: *vom Sammeln zur Analyse*

Der *Participatory Approach* wird auch als FREIRE**an Approach** bezeichnet, da er weitgehend auf den brasilianischen Erzieher PAOLO FREIRE zurückgeht.

alternative Begriffe

Daneben begegnet man gelegentlich dem Begriff ***psycho-social approach***, da der Ansatz auf eine mentale Veränderung des Lernenden abzielt und seine soziale Situation verbessern will. Auf diese sozialpolitische Intention, i. e. die Befreiung des Menschen aus seiner Unmündigkeit und die Hinführung zum selbstbestimmten Subjekt, bezieht sich auch der Begriff ***liberatory approach***. Da neben dem *problem-posing* der Dialog eine konstituierende Funktion einnimmt, könnte man den *Participatory Approach* auch als ***dialogue approach*** bezeichnen – als Dialog zwischen dem Lehrer, der über Kenntnisse im Lesen und Schreiben verfügt, und dem Lerner, der konkrete kulturelle Erfahrungen in seiner Umwelt gemacht hat. Dieser Ansatz kann auch als **transformatives Lernen** bezeichnet werden: Lerner erleben einen Wandlungsprozess, wenn sie Ideen kennenlernen, die ihre bislang gehegten Vorstellungen in Frage stellen.

Ziele

Lernerbewusstsein über eigene soziale Rolle

Das Ziel des *Participatory Approach* besteht zunächst darin, den Lernenden die sozialen, politischen und kulturellen Bestimmungsfaktoren ihres Lebens aufzuzeigen. Diese **Bewusstmachung ihrer sozialen Rolle** soll die Grundlage eines ***personal empowerment*** bilden. Sie verlassen ihre passive Rolle, treffen persönliche Entscheidungen und nehmen zielgerichtete Handlungen vor, die ihr Leben verändern. Ihre fremdbestimmte Situation wird überwunden, und sie werden zu selbstbestimmten Akteuren ihrer Lebenszusammenhänge.

real communication

Vor diesem Hintergrund muss auch das **Sprachlernen** gesehen werden. Die realen Probleme und Bedürfnisse der Lernenden dienen als Auslöser sprachlicher Kommunikation. „Real communication, accompanied by appropriate feedback that subordinates form to the elaboration of meaning, is key for language learning" (AUERBACH 1992, 14). Die sprachliche Arbeit ergibt sich aus dieser realen Kommunikation. Der sprachliche Fokus wird nicht vorher festgelegt, sondern folgt dem Inhalt, der sich wiederum aus der kritischen Aufarbeitung der persönlichen Probleme ergibt.

Unterrichtsgestaltung

Auf der Basis von LARSEN-FREEMANS Beschreibung einer typischen Stunde (2000) lassen sich folgende unterrichtsmethodische **Grundsätze** des *Participatory Approach* erkennen:

Unterrichtsmethodische Prinzipien des „Participatory Approach"

Kriterium	Prinzip
Lebensweltbezug	Das Geschehen im Klassenzimmer basiert auf der außerschulischen Realität der Schüler.
Erfahrungsbezug	Die tatsächlichen Bedürfnisse und Erfahrungen der Lernenden werden diskutiert.
Lehrplan	Das Curriculum liegt nicht als fertiges Produkt vor, sondern entsteht dynamisch aus einem permanenten Prozess, in dem Probleme thematisiert werden.
Themen	In Gesprächen über reale Probleme der Lernenden werden Themen identifiziert, die als inhaltlicher Schwerpunkt der darauf folgenden Stunde fungieren.
Erarbeitungsmodus	Kenntnisse und Fertigkeiten werden in einem kollaborativen Prozess erworben.
Inhaltsorientierung	Der primäre Fokus liegt auf den Inhalten, sprachliche Arbeit orientiert sich daran.
Fertigkeitstraining	Sprachliche Fertigkeiten werden nicht isoliert geschult, sondern zum Zwecke der Handlungs- und Selbstbestimmungskompetenz.
Schülerrollen	Die Lernenden initiieren Themen, kreieren Materialien, evaluieren ihren Lernfortschritt und lernen, sich als sozio-politische Individuen zu interpretieren.
Lehrerrollen	Der Lehrer agiert als Ko-Lerner und Katalysator des Selbstbestimmungsprozesses seiner Schüler.

Das Was und Wie des Unterrichts werden also gemeinsam von Lehrenden und Lernenden gestaltet. Nach AUERBACH (1992) gliedert sich dieser Prozess in drei **Phasen**:

Themen identifizieren

(1) Lehrer und Lerner identifizieren die Themen, die für die Lerner von existentieller Bedeutung sind. Diese Eruierungsphase kann in verschiedenen Formen (Diskussionen, informelle Gespräche, Tagebucheinträge) stattfinden, aber entscheidend ist, dass die Ideen von den Lernenden ausgehen. Sie besprechen untereinander ihre Probleme, der Lehrer hört zu und stellt Fragen, um sie bei der Artikulation ihrer Bedürfnisse zu unterstützen.

Themen erforschen

(2) Wenn die Lerner sich von *reading the world* zu *reading the word* bewegen, erforschen sie die Themen, indem sie lesen (Zeitungen, Texte, vom Lehrer verfasste Aufzeichnungen) und schreiben (Briefe, Geschichten, Journale). Durch das Lesen und Schreiben gelangen sie zu einem klareren Verständnis des Themas und entwickeln ihr kritisches Denkvermögen.

Handlungen ableiten

(3) Im letzten Schritt ergreifen sie schließlich die Initiative, indem sie auf der Grundlage der vorangegangenen Analyse Handlungen initiieren, um ihre Umwelt zu verändern. Der Kontext des Klassenzimmers wird aufgebrochen und der Bezug zur sie unmittelbar betreffenden Realität hergestellt.

soziale Ziele determinieren Lehrtechniken

Lehrtechniken sind den sozio-kulturellen Zielen untergeordnet, d.h. mit der Vermittlung linguistischer Kompetenz ist gleichzeitig die lebensweltliche Perspektive der Lernenden zu erweitern. Eine entscheidende Rolle spielen dabei ***codes***, also „concrete expressions of a theme or problem which carries emotional and social impact for the students" (WALLERSTEIN 1983, 28). Formen dieser *codes* können *written dialogues* und *role-plays*, *stories* und *pictures* sein. Die geschriebenen Dialoge führen Wortschatz und Strukturen ein, die für die freiere Rollenspiel-Phase später benötigt werden.

Die ***stories*** kommen nicht nur von externen Quellen, sondern können von den SchülerInnen selbst oder vom Lehrer geschrieben werden. Während die SchülerInnen über ihre Probleme diskutieren, macht sich die Lehrkraft Notizen und schreibt diese Geschichten für die nächste Stunde um. Durch die Transkription dieser Diskussionen wird die Bedeutung der Gedanken der Lernenden demonstriert und bewiesen, dass jeder (auch) ein Lehrender ist.

An ***pictures*** kommen Dias, Fotos, Zeichnungen, Collagen, Fotogeschichten oder *strip stories* zum Einsatz, die alle subjektive Reaktionen der Schüler hervorrufen sollen. Außerdem werden *puppets*, Konversationszirkel sowie traditionelle Schreib- und Leseübungen verwendet.

contra Sprachbaustein-Wissen

Eine Lehrtechnik, die es auf alle Fälle zu **vermeiden** gelte, sei die ***situational method***, i.e. „dialogues that contain the survival vocabulary people need in their daily lives, i.e calling repair people, working in different jobs, going to the welfare office, and handling emergencies" (Ib., 39 f.). Der Inhalt dieser situativen Dialoge sei unrealistisch, oberflächlich und herablassend und verkenne die ökonomischen und kulturellen Realitäten der Angehörigen von Minderheitsgruppen.

echter Dialog: 5 Leitfragen

Besondere Bedeutung kommt dagegen dem **echten Dialog** und seinen Hilfsmitteln zu. Als *tools for dialogue* werden fünf generelle Fragen eingesetzt:

- *What do you see?*
- *What's the problem here?*
- *Is this your problem?*
- *Why is there a problem?*
- *What can you do?*

Diese fünf Fragen entsprechen den fünf Schritten des *problem-posing*: Zunächst erfolgt die Beschreibung des Gesehenen, danach die Bestimmung des Problems und die Anwendung des allgemeinen Problems auf die persönliche Situation. Nachdem zuerst die sozialen und ökonomischen Ursachen eruiert worden sind, kann sich eine Diskussion möglicher Lösungen anschließen.

Ergebnisse

bewährt in Alphabetisierungsprogrammen

FREIRE wurde 1963 offizieller Koordinator des nationalen **Alphabetisierungsprogramms** und brachte mehreren zehntausend Brasilianern elementare Bildung bei. Seine Bemühungen ermöglichten erwachsenen Lernern, „to read and write after only six weeks of study, thus making them active members of society by gaining the right to vote" (WALLERSTEIN 1983, 11). Die von FREIRE im Brasilien der frühen 60er Jahre entwickelten Methoden zur Alphabetisierung der Einheimischen werden noch heute in vielen Entwicklungsländern Lateinamerikas und Afrikas mit Erfolg eingesetzt, wobei sich die von staatlichen Stellen und internationalen Hilfsorganisationen geförderten Projekte auf Muttersprachen und Zweitsprachen in ländlichen und städtischen Milieus erstrecken. In den USA verwenden mehrere Organisationen (*Hispanic Literacy Council* in Chicago, *Bronx Educational Services* in New York, *BASE* in Los Angeles, *Adult Literacy Resources Institute* in Boston) den partizipatorischen Ansatz in ihren Bildungsprogrammen, die neben Lese- und Schreib-Kursen in Englisch und anderen Muttersprachen auch *ESL* umfassen.

übertragen auf die Entwicklung von Curricula

Ein erfolgreiches Beispiel für die Anwendung des *Participatory Approach* in der **Curriculumsentwicklung** findet sich bei AUERBACH (1992), die ein Familien-Alphabetisierungsprogramm in Boston beschreibt. Der zyklische Prozess beinhaltete *listening activities*, um die Themen der Lernenden zu eruieren, daneben die Erforschung der Themen durch diverse Aktivitäten (*photo stories, oral histories, language experience stories*), die Ausdehnung der Alphabetisierung auf Handlungen innerhalb und außerhalb des Klassenzimmers sowie schließlich einen Evaluationsprozess.

Forschungsdesiderata

Insgesamt ist die empirische Situation aber sehr unbefriedigend. Wie sich der partizipatorische Ansatz beim Erwerb von Englisch als Zweitsprache auswirkt, ist noch nicht fundiert überprüft worden. Und was dieser *approach* für *EFL (English as a Foreign Language)*, also Fremd- (nicht Mutter- oder Zweit-) Sprachunterricht sowie in einem außeramerikanischen Setting bedeutet, ist anscheinend noch kein Thema von ausreichender Forschungsrelevanz.

Beurteilung

Als ***fringe method*** wirft dieser Ansatz mehrere **Fragen** auf:

echte Sprachlernmethode oder sozialpolitisches Instrument

(1) Ist er eine echte **Sprachlernmethode**?
Die primäre Intention ist sozialpolitischer Natur; die Beschäftigung mit formalen Bestandteilen der Sprache steht hintenan. Ursprünglich ging es FREIRE auch nur um die Ausbildung von lediglich zwei Fertigkeiten (Lesen und Schreiben in der Muttersprache).

geeignet für den Zweit- und Fremdspracherwerb

(2) Kann er von einem muttersprachlichen Kontext in eine ***ESL*- (oder gar *EFL*-) Situation** übertragen werden? – Die LehrerInnen in den USA und Kanada sahen sich mit mehreren Schwierigkeiten konfrontiert. Der FREIREsche Ansatz geht davon aus, dass die Lernenden die Kultur, in der sie leben, gut kennen und dass sie die Sprache, die sie zu lesen und schreiben lernen, schon sehr gut sprechen können. Für *non-native speakers* des Englischen in überwiegend englischsprachigen Ländern treffen diese Bedingungen jedoch nicht zu. Wie sinnvoll ist es somit, wenn LehrerInnen Probleme stellen, die von den Lernenden diskutiert werden sollen, obwohl diese kaum Englisch sprechen können?

passend für Kinder und Jugendliche

(3) Kann der Ansatz auf die *EFL*-Situation mit **jugendlichen Lernern** übertragen werden?
Bislang wurde der *Participatory Approach* weitgehend mit erwachsenen Lernern durchgeführt, in den USA meist mit Immigranten, die spezifische wirtschaftliche, soziale und politische Probleme haben.

Offenheit: Impulse

Der Fremdsprachenunterricht in Ländern mit einem anderen kulturellen Hintergrund kann aber wohl ebenfalls **Impulse** dieser Methode aufgreifen, die mit deren **Offenheit** zusammenhängen. Das Was des Unterrichts ist hier kein vorherbestimmtes, von externen Stellen festgelegtes Produkt, sondern offen im Sinne der gemeinsamen Konstruktion durch Lehrer und Schüler. Es stellt sich die Frage, ob **Lehrpläne** schon flexibel genug gestaltet sind oder noch weiter geöffnet werden müssen, um den unmittelbar Beteiligten des Unterrichts noch größere Gestaltungsspielräume zu geben. Kann die Verfügungsgewalt über den Verlauf der einzelnen Unterrichtsstunden noch stärker in die Hand von Lehrenden und Lernenden gelegt werden?

offene Themenfindung

Der **Ausgangspunkt** einer partizipatorischen **Unterrichtsstunde** ist stark im Sinne von Offenheit geprägt. Die Lernenden artikulieren ihre existentiellen Bedürfnisse und Probleme, die Lehrkraft hört aufmerksam hin und macht eines davon zum Thema der Folgestunde. Im freien Dialog werden diese Probleme dann diskutiert. Es ist gut vorstellbar, dieses inhaltsorientierte Verfahren partiell in den Fremdsprachenunterricht zu integrieren.

Man kann mit SchülerInnen darüber sprechen, was sie in ihrem Leben berührt. Aus diesen Gesprächen können Themen destilliert werden, die normalerweise nicht zur Sprache kommen. Um bestimmte Themen sind Folgestunden planbar, wobei Ursachen und Lösungsansätze für Situationen, die SchülerInnen belasten, diskutiert werden können. Der unmittelbare Lebenswelt- und Erfahrungsbezug des Unterrichtsinhalts verstärkt die persönliche Betroffenheit und Motivation. Allgemein verlangt diese Bestimmung von Unterrichtsthemen via Zweiweg-Kommunikation eine hohe Flexibilität der Lehrenden, die offen sind gegenüber Schülerbeteiligung, freiem Dialog und möglicher Kritik und bereit sind, Änderungen ihrer Planung vorzunehmen.

Anspruch an Lehrende: hohe Flexibilität

Die Methode erinnert auch an das **politische Wesen** der Welt, der SchülerInnen und LehrerInnen. Letztere mögen aus diesem Grunde eine neue Rolle übernehmen, i. e. die des *advocate*. „Such teachers feel that they can no longer be content to teach language in classrooms ignoring issues in their own and their students' lives outside of the classroom walls" (LARSEN-FREEMAN 2000, 179). Wer diese aktive Verfechter-Rolle einnehmen möchte, kann sich nicht nur für unmittelbare Schülerinteressen engagieren, sondern auch für ethische Ziele, sozialpolitische Anliegen oder umweltpolitische Bewegungen.

Elemente politischen Bewusstseins

Dieser Ansatz begnügt sich nicht mit der Problemerörterung innerhalb des Klassenzimmers, sondern strebt Aktionen im öffentlichen Raum an. Beobachtungsaufgaben zu Hause oder in der Nachbarschaft, Sammeln von Informationen bei einer Gemeindeeinrichtung, Organisation eines Treffens mit schulexternen Personen sind Beispiele für die **Öffnung zur Außenwelt** und verstärken die Verbindung zwischen Schule und Leben.

Spielorientierte Formen

Spielen ist kein Gegensatz zu Lernen, sondern eine Ergänzung, Bereicherung und Öffnung. Es kann als Regelspiel (*game*), z. B. als Lernspiel (Lernarrangement 8) oder als Rollenspiel (*play*) organisiert werden – in den Varianten des szenischen Spiels (9) oder der Simulation (10).

8 Lernspiele

Hintergrund

Beim Spiel kann man einen Menschen in einer Stunde besser kennen lernen als im Gespräch in einem Jahr.
Platon

Das Spiel und Spielen wird traditionell mit Kindsein assoziiert. Die Phase der **Kindheit** erfuhr nun seit den späten sechziger Jahren verstärkte Beachtung. In dem Bemühen um eine schülergerechte Schule wurde das Spiel als natürliche Lernform des Kindes wiederentdeckt, welche die Defizite einseitiger Kognitivierung kompensieren und den Wirkungen des *hidden curriculum* entgegensteuern sollte.

spielerisches Lernen in neuem Licht

Die Vertreter der **Spieltheorien** hatten sich schon länger mit den Strukturen und Funktionen des Spiels beschäftigt. Die unterschiedlichen Ansätze sind sich weitgehend einig, dass das Spiel ein allgegenwärtiges und vielschichtiges Phänomen darstellt, das für die individuelle und die gesellschaftliche Konstitution von wesentlicher Bedeutung ist. Neben umfassenden Universaltheorien gibt es auch einzelne Studien zu anthropologischen und psychologischen Funktionen des Spiels (Klippel 1980, 11 ff.).

spielpädagogische Erkenntnisse

Auch die **Spielpädagogik** hat das Spiel als bestimmendes Element menschlichen Daseins untersucht und dabei deren Bedeutung für das schulische Lernen und die Erreichung fächerübergreifender Lernziele festgestellt. Dabei wurde auch erkannt, dass einem Spiel sowohl ein Dienstwert als auch ein Eigenwert inne sein kann. In den verschiedenen spielpädagogischen Beiträgen werden die positiven Auswirkungen auf die kognitive, affektive und soziale Entwicklung des Menschen herausgearbeitet.

Begriff

freies vs regelgeleitetes Spiel

Im englischen Sprachgebrauch wird zwischen ***play*** und ***game*** unterschieden, wobei ersteres als freies Spiel und letzteres als regelgeleitetes Spiel betrachtet wird. Das deutsche Lernspiel stellt eher das Äquivalent für das englische *game* dar, weil Regeln von entscheidender Bedeutung sind. Von den Regelspielen klar zu unterscheiden sind die Rollenspiele, denn beim szenischen Spiel, sozialen Rollenspiel oder der Simulation konstituiert die Rolle das *play*.

Eine präzise Definition des Lernspiels erweist sich als schwierig, da die Grenze zwischen Spiel und Ernst fließend ist sowie intra- und interpersonell variierende Interpretationen von Spielen auftreten. Auf folgende **Merkmale** wird oft verwiesen:

Merkmale von Spielen

- Zweckfreiheit
- Aktivierungszirkel
- Quasi-Realität
- Ambivalenz
- Gegenwärtigkeit
- Spielfreude

Ziele

Als Ziele werden immer wieder genannt:

sprachbezogene Lernziele

- Training der Fertigkeiten, besonders Sprechen und Schreiben
- Verbesserung in den sprachlichen Teilbereichen, besonders Grammatik und Wortschatz
- Übung, Wiederholung, Festigung und Anwendung des Sprachmaterials
- *focussed practice* im Gegensatz zum mechanischen Üben (*drill and kill*)
- Förderung der Kommunikationsfähigkeit in einem situativen Unterricht (Verwendung der Fremdsprache als Mittel zur Lösung einer Aufgabe)
- Motivation durch Abwechslung (Spielregeln als Steuerungsinstrument, ungewohnte Aufgabenstruktur, Variation der Gruppenkonfiguration)
- Schaffung einer positiven Einstellung zur Fremdsprache
- Aktivierung der Lernenden
- Individualisierung
- lernbiologische Kombination kognitiver, tonaler, visueller und affektiver Bereiche
- pädagogische und sozialpsychologische Wirkungen: kognitive, soziale, emotionale Ziele (Problemlösefähigkeit, Kooperationsbereitschaft, Rollenflexibilität, Konfliktbereitschaft, Empathie)
- Persönlichkeitsbildung
- zweckfreie Spielfreude

übergreifende Ziele

Es zeigt sich hier, dass neben sprachlichen Lernzielen auch fächerübergreifende und allgemein-menschliche Ziele mit dem Einsatz von Lernspielen verbunden werden. Daneben ist zu bedenken, dass bei Lernspielen angesichts der zwei Komponenten des Begriffs stets ein **Lernziel** und ein **Spielziel** involviert sind.

Unterrichtsgestaltung

Ein lernzielorientierter und didaktisch-methodisch planvoller Lernspieleinsatz macht die **Differenzierung** von Lernspielen notwendig. Man kann nach folgenden Kriterien klassifizieren:

Klassifikation von Lernspielen

- Lernziel
- Schwierigkeitsniveau/Lernjahr
- Spieldauer
- Teilnehmerzahl
- Organisationsform
- Sozialform
- Spielerrolle
- Materialbedarf
- Kommunikationsorientierung
- Wettbewerbsorientierung
- Spieltätigkeit

In Anlehnung an die beiden Ziele eines Lernspiels schlägt KLIPPEL eine grundlegende Einordnung nach **Lernziel** (Fertigkeiten, sprachlichen Subsystemen) und **Spieltätigkeit** (Fragen, Antworten, Sammeln, Ordnen, Umformen, Buchstabieren, Reagieren etc.) vor (1980, 112 ff.). Die Spieltätigkeit kann sich dabei auf alle Objekte der fremden Sprache beziehen: Buchstaben, Laute, Silben, Morpheme, Wörter, *phrases*, Sätze, Texte.

zwei Dichotomien des Spiels

Die zwei dichotomischen Paare eines Spiels, i. e. **Können und Zufall**, **Wettbewerb und Zusammenarbeit**, sollten in einer ausgewogenen Mischung stehen. Reine Könnens-Spiele frustrieren die Nicht-Könnenden, reine Zufalls-Spiele stellen keine geistige Herausforderung dar. Reine Wettbewerbs-Spiele demotivieren die Verlierer, reine Kooperations-Spiele verzichten auf den Reiz des Siegenwollens.

SpielleiterIn: Aufgaben

Als **Spielleitende** fungieren im Regelfall die Lehrenden – als BeobachterInnen oder als MitspielerInnen. Die Auswahl des Spiels obliegt gewöhnlich ihnen, auch wenn ein unisono vorgetragener Wunsch der SchülerInnen, *Bingo* zu spielen, nicht immer abschlägig beschieden werden sollte. Die Lehrkraft kontrolliert den Verlauf und trägt Sorge für die Aufrechterhaltung der Spielfreude, indem sie sensibel auf unerwartete Probleme reagiert. Sie kann das Spiel auch verlängern – in einer Korrekturphase, durch die Verschriftlichung als Hausaufgabe, mittels Transformation in ein anderes Genre. Auch sollte sie um regelmäßigen Einsatz bemüht sein, denn auch Spielen will gelernt und geübt sein.

Materialsituation

An **Spielesammlungen** herrscht inzwischen kein Mangel mehr. KLIPPEL stellt 50 Lernspiele für den Englischunterricht vor (1980, 141 ff.), untergliedert nach Lernjahr, aufbereitet nach Zielen, Inhalten und Organisation. Daneben gibt es von vielen Verlagen inzwischen eine schier unübersehbare Fülle an Sammlungen mit verschiedenen Kategorisierungen. Um den Überblick dabei nicht zu verlieren, bietet sich für eine Schule/Fachschaft die Anlage einer systematischen Spielekartei an. Der Aufbau einer solchen Kartei mit gefälligen Karteikarten, einem hilfreichen Reitersystem und einem übersichtlichen Ordner erfordert zwar einen nicht unerheblichen Organisationsaufwand, erleichtert aber den Lehrkräften die Auswahl geeigneter Spiele enorm.

empfohlen: zentrale Spielekartei

Ergebnisse

Im Vergleich zur Fülle an auf dem Markt erhältlichen Lernspielen hinkt die empirische Überprüfung dieser Spiele eklatant hinterher. Gleichwohl kann man davon ausgehen, dass das Lernspiel ein **bekanntes Unterrichtsmittel** ist. Eine empirische Studie über den Englischunterricht an Hauptschulen in Nordrhein-Westfalen ergab, dass 45 % der befragten Lehrkräfte Lernspiele einsetzen (Berger, zit. nach Klippel 1980, 53).

Lernspiele: im Unterricht etabliert

Eine Erprobung von 45 Lernspielen führte Klippel (1980, 123 ff. und 53 ff.) auf mehreren Ebenen durch (52 Lehrkräfte: Grundschule, Hauptschule, Realschule, Gymnasium, Gesamtschule). Als **populärste Lernspiele** erwiesen sich – *surprise, surprise* – *Bingo*, *From Word To Word* (Word-Domino) und *Hangman*, gefolgt von *I Spy*, *Shopping Game* und *Simon Says*. All diese Spiele benötigen nicht viel Material, dauern nicht lange und lassen sich bereits in unteren Klassen einsetzen. Die Lehrkraft, ihre Einstellung und ihr Verhalten beim Spiel, wurde als wichtige Variable für den Spiel- und Lernerfolg erkannt. Als die zwei wesentlichen Gründe für den Einsatz von Lernspielen im eigenen Unterricht gaben die LehrerInnen Abwechslung (Motivation, Entspannung) und sprachbezogene Übung (Fertigkeiten, Teilsysteme) an. Häufig wurden Spiele am Stundenende oder in der letzten Stunde vor den Ferien zur Belohnung eingesetzt. Auch zeigten sich schulartenspezifische Unterschiede, denn in der Hauptschule wurde öfter gespielt als beispielsweise in der Realschule.

Einsatzmotive

Schulartspezifik

Beurteilung

Aufgrund seiner formalen Charakteristika scheint das Lernspiel zunächst zu den **geschlossenen** Unterrichtsformen zu zählen. Es existieren explizite Regeln über den Verlauf des Spiels und das Verhalten der Spieler, über die Voraussetzungen von Gewinnen und Verlieren, welche den Teilnehmern gewisse Zwänge auferlegen. Die Regelgebundenheit lässt den Spielern übli-

Aspekte von Geschlossenheit

cherweise weniger Spielraum bei der Bestimmung ihrer Rolle als beim Rollenspiel. Ihre Aktionsoptionen sind durch Regeln präzise festgelegt. Zudem fungiert als Spielleiter die Lehrkraft, die das Spiel auswählt, durchführt und auswertet.

Offenheit

Gleichwohl besteht ein Lernspiel aus Lernen und **Spielen**, und das zweite Element hat immanente **Offenheit**stendenzen. Es herrscht eine Ambivalenz zwischen Spielziel und Lernziel, zwischen zweckfreiem Spiel und didaktisierter Zweckbindung. Als Spieler wird man zu einer handelnden Auseinandersetzung mit den Mitspielern oder dem Spielgegenstand ermuntert. Die Einschränkung der Handlungsfreiheit, die für alle gilt und von allen akzeptiert wird, befreit für andere Tätigkeiten. Man kann konkrete Erfahrungen machen, soziale Erfahrungen sammeln und spielend Probehandlungen vornehmen. Zudem gibt es die Möglichkeit der gemeinsam ausgehandelten Änderung der Regeln, wodurch Räume für Mitbestimmung und selbstständiges Handeln eröffnet werden. Die Aktivität des Spielens erfüllt sich in der Gegenwart, im *hic et nunc*. Spielen macht Spaß, ist ganzheitlich, fördert Selbsttätigkeit und baut Lehrerzentrierung ab.

Spannung: offener Ausgang

Ein wesentliches Merkmal der Offenheit stellt die Offenheit des **Spielausgangs** dar. Die damit verbundene Spielspannung beruht auch auf der relativen Chancengleichheit der Mitspieler, und der Zusammenhang zwischen Offenheit und Spielfreude ist evident: Je länger der Spielausgang offen ist, desto höher ist die Spannung und der Spaß am Spiel. Die Spannung des Spiels entsteht ja gerade dadurch, dass der Verlauf und das Ergebnis nicht eindeutig vorhergesagt werden können. Wenn die Offenheit verloren geht, schwindet der Reiz des Spiels.

Sozialformen und Rollen

Darüber hinaus sind viele Lernspiele in nicht-frontalen Interaktionsformen organisiert, als **Partner-, Gruppen- und Teamspiele**. Das Spiel wird mehr von den Regeln als von der Lehrkraft gelenkt, und die Lehrkraft tritt mitunter als gleichberechtigter, nicht privilegierter Spielpartner auf, der den gleichen Spielsanktionen unterworfen ist wie seine Mit-Spieler. Das asymmetrische Lehrer-Schüler-Verhältnis wird dadurch durchbrochen.

Transfer- und Adaptionspotenzial

Zudem sind die meisten Lernspiele offen für inhaltliche und **methodische Adaptionen**. Eine bestimmte Regelform kann mit unterschiedlichen Inhalten variiert werden; das Grundmuster wird übernommen und mit alternativen Inhalten entsprechend den anvisierten Lernzielen gefüllt. Auch können sie für die verschiedensten Lernmethoden adaptiert werden.

Balance von Arbeit und Spiel

Das Lernspiel mit seinen zwei Bestandteilen, seiner Dualität von Spielziel und Lernziel, kann wie jede Tätigkeit **sowohl Arbeit als auch Spiel** sein – in Abhängigkeit von der Einstellung der Handelnden. Man sollte keinen Antagonismus zwischen Spiel und Arbeit konstruieren, zwischen selbstzweckbetontem Spielen und lernzielverhaftetem Lernen, zwischen Lustorienticrung und Ernsthaftigkeit. Die Aversion gegenüber lustbetonten Handlungen in der Schule basiert auf der Jahrhunderte alten Gleichsetzung von Lernen mit Arbeit. Aber schon JOHN LOCKE wusste, dass das Kind im Spiel mehr lernt, als wenn es zum Lernen gezwungen wird. Spiel ist nicht das exakte Synonym von Spaß und nicht das genaue Antonym von Ernst, sondern hat seinen eigenen Ernst und will/soll von den Spielern ernst genommen werden. Deswegen können Spielfreude und Lerneffektivität eine Symbiose eingehen.

Wer nicht nur dem Lustfaktor einen pädagogischen Eigenwert beimisst, sondern auch von der fremdsprachlichen Effektivität motivierender Lernspiele überzeugt ist, den Dienstwert dabei nicht verabsolutieren will, dürfte – wie KLIPPEL (1980, 131) – für einen integrativen Lernspieleinsatz mit der Verknüpfung spieltheoretischer, spielpädagogischer und fremdsprachendidaktischer Aspekte sowie der Ausweitung des engen Leistungsbegriffs plädieren. Lernspiele begnügen sich nicht mit ihrer Verwendung nur in den unteren Jahrgangsstufen, sie sind sich auch als *time filler* oder Zuckerbrot zu schade, sie wollen als **vollwertiges Unterrichtsmittel** planvoll eingesetzt werden – denn: „Wer freudig spielt, übt auch effektiv" (KLIPPEL 1998, 12). Und LehrerInnen glauben daran umso mehr, je günstiger die Relation zwischen Aufwand und Ertrag ist.

Spiele: vollwertige Methode im FSU

9 Szenisches Spielen

Hintergrund

Das darstellende Spiel eröffnet Möglichkeiten, eigene und fremde Vorstellungen, Gefühle, Gedanken, Haltungen und Verhaltensweisen im Schutz von Rollen zu erkunden, zu erproben und zu reflektieren. Als eigenständige Lernform hat sich deshalb szenisches Spielen innerhalb **verschiedenster Kontexte** in Schule, Weiterbildung, Sozialarbeit, Psychotherapie und Supervision bewährt.

Menschen hören nicht auf zu spielen, weil sie alt werden, sie werden alt, weil sie aufhören zu spielen. Oliver Wendell Holmes

Auch im Fremdsprachenunterricht kennt man schon lange szenische Interaktionsformen wie Rollenspiele oder situative Dialoge, die aber meist nur mit verteilten Rollen gelesen oder auswendig vorgetragen werden. Gelegentlich finden auch Aufführungen von Theaterstücken in der Fremdsprache statt. Einen festen, systematisch begründeten Platz hat das szenische Spiel im fremdsprachlichen Klassenzimmer jedoch nicht inne. Tatsächlich wird im **Schulalltag** sehr wenig gespielt, abgesehen von Randbereichen (Grundschule, Sport) und Nischen (letzte Schulwoche). Neben

im FSU noch nicht fest verankert

institutionellen und curricularen Gründen mögen noch andere Aspekte eine Rolle spielen: „Weil Schule im Prinzip körperfeindlich konstruiert ist, fällt es so schwer, eine dauerhafte Spielpraxis im Unterricht aufzubauen" (MEYER 1989, 346). Spiele erfordern den Einsatz des ganzen Menschen, was mit der verkopft-zweckrationalen Schulorganisation kollidiert. „Wer spielt, ist nicht verfügbar" (ib.).

Argumente für den Einsatz

Dramenästhetische, rollensoziologische und spielpädagogische Argumentationslinien bilden jedoch ein Gegengewicht und haben in den letzten Jahrzehnten ein gestiegenes Bewusstsein für den Wert des darstellenden Spiels geschaffen. Die Anerkennung des Dramas als plurimediale Gattung bedeutet, dass die schulische Bearbeitung eines Theaterstücks nicht auf die schriftliche Textvorlage reduziert werden kann, denn schließlich werden Dramen geschrieben, um aufgeführt und angeschaut zu werden. Die **Rollentheorie** hat die Bedeutung des Rollenkonzepts für das menschliche Zusammenleben hervorgehoben und die verschiedenen Ausprägungen des Rollenverhaltens deutlich gemacht. Schließlich sprechen auch **pädagogische Argumente** für eine Wiederbesinnung auf die Bedeutung des Spielens.

Begriff

play: *„Theaterstück" und „spielen"*

In Abgrenzung zum *game* als Lernspiel handelt es sich bei *play* um szenisches oder darstellendes Spielen. Dabei besitzt *play* mindestens zwei Bedeutungen, denn als Substantiv meint es das **Theaterstück**, als Verbum **spielen**. Szenische Texte haben den „Charakter von Spielvorlagen für szenische Aufführungen" (NÜNNING 1998, 4), aber szenisches Spielen bleibt nicht nur auf Inszenierungen dramatischer Werke beschränkt, sondern umfasst **viele Zwischenformen** vom kleinen Rollenspiel bis zur großen dramatischen Inszenierung. So fordert NÜNNING mit dem programmatischen Titel „Von *Teaching Drama* zu *Teaching Plays*" nicht nur die **traditionelle textanalytische Behandlung von Theaterstücken**, sondern will auch **spielerische, handlungsorientierte Formen** der Auseinandersetzung mit Theater einbezogen wissen.

Zwischenformen

Grade der Spielvorlagenbindung

MEYER (1989, 349) nimmt eine allgemeindidaktische Differenzierung vor zwischen **freiem darstellenden Spiel** mit einer eher lockeren Anbindung an die Spielvorlage (Stegreifspiel, Pantomime, Standbild, Statuentheater, Zeitungstheater, Clownspiele, Zauberei, Tanz) und **Theater** mit einer eher engen Anbindung an die Spielvorlage (Laienspiel, Bühnentheater, Straßentheater, Figurentheater, Revue, Kabarett, Musical, Hörspiel). Während bei ersterem Spielen als lustbetonte, kreative, körperliche Umsetzung einer

Spielidee gesehen wird, zielt Spielen als szenische Umsetzung einer Textvorlage/Regieanweisung/Notation auf eine Aufführung mit gründlicher Übung und Vorbereitung.

Vergleicht man das *play* mit anderen literarischen Gattungen, fallen zumindest **drei Merkmale** auf. Es ist nicht allein oder vorrangig für die Lektüre bestimmt, sondern als Grundlage für eine **Aufführung** im Theater. Zudem sind bei der Erstellung eines Theaterstücks **mehrere Personen** beteiligt. Schließlich spielen neben sprachlichen auch **außersprachliche Ausdrucksmittel** eine wesentliche Rolle. Angesichts dieser dramentheoretischen Charakteristika erweisen sich offenere, handlungsorientierte, spielerische Ansätze im Unterricht geradezu als Notwendigkeit.

play: *Besonderheiten*

Ziele

Als Ziele des szenischen Spiels werden weniger die Stärkung des Verstandes als vielmehr der Spaß am dramatischen Spiel, Spontaneität, Kreativität, Assoziationsfähigkeit betrachtet. Da der paralinguistische Bereich im traditionellen Lehrbuch-Unterricht kaum Beachtung findet, ist „szenisches Spielen im Fremdsprachenunterricht ein wichtiges Instrument ..., um ganzheitliche kommunikative Interaktion zu entwickeln und zu fördern" (BLUDAU 2000, 15). Durch die Interaktion zwischen den im Spiel Agierenden sowie zwischen den Agierenden und dem Publikum wird die Handlung vorangetrieben, Sprachhandeln trainiert, die soziale Handlungskompetenz entwickelt. Die Lernenden erfahren am eigenen Leib, was auf dem Spiel steht, wenn man sich mit den MitschülerInnen und deren Rollen auseinandersetzt, sodass die Kooperations- und Teamfähigkeit gestärkt werden kann. Eine differenziertere Bestimmung der Intentionen muss die Vielfalt der Formen szenischen Lernens berücksichtigen (vgl. die folgende Übersicht).

übergreifende und sprachergänzende Ziele

Unterrichtsgestaltung

Diese Vielfalt an **Formen** szenischen Spielens wird – zusammen mit deren potenziellen didaktischen Vorzügen – im Folgenden zusammengefasst.

Formvarianten des szenischen Spiels

szenische Form	didaktische Funktionen
Pantomime	• Bedeutung nonverbaler Aspekte (Mimik, Gestik, Motorik) • Vermeidung einer Trennung „Sprechsprache" – „Körpersprache"
Rollenspiel	• Einübung und Schulung von Konversation • Förderung von Empathie und Perspektivenwechsel • Verarbeitung von Alltags- und Konfliktsituationen

Formvarianten des szenischen Spiels

szenische Form	didaktische Funktionen
Dialogszene	• Sensibilisierung für suprasegmentale Phänomene • statarische Analyse
story reading	• sinnstiftendes Lesen • Erfahrung der Wirkung des gesprochenen Wortes • Erfahrbarkeit der Mehrstimmigkeit und Perspektivenvielfalt dramatischer Texte
key scenes	• tieferes Verständnis von Schlüsselszenen • Interesse am gesprochenen Wort
playlet	• kurze Dauer • Skript für Rollenspiele
short play	• beschränkter zeitlicher Aufwand der unterrichtlichen Arbeit
full length play	• Möglichkeit literaturwissenschaftlicher Analyse
Sketch	• Erkennen verschiedener Ausprägungen von *humour* • Freude und Lachen
Schattenspiel, Scherenschnitt, Puppenspiel	• Vermeidung des unmittelbaren Kontakts mit dem Publikum (scheue SchülerInnen) • Förderung pantomimischer Talente
frozen tableau/ Standbild	• körperlich-visuelle Darstellung sozialer Erfahrungen • individuelle Interpretation zentraler literarischer Stellen • Notwendigkeit genauer Kenntnis der Figuren
Hörspiel	• kein direkter Publikumskontakt • kein Auswendiglernen des Textes • Fokussierung des gesprochenen Wortes (*soundscapes*) • Möglichkeit des wiederholten Abhörens mit kritischer Reflexion
Film	• intermediale Textarbeit • vergleichende Analyse • intertextuelle Referenzen
Theater-aufführung	• *performance* als krönender Abschluss der szenischen Arbeit
Theater-Arbeitsgruppe	• permanente und intensive Beschäftigung mit dem Theater auf der Basis individueller Neigungen

Strukturschema

Was die **Struktur** szenischen Spielens im Unterricht betrifft, liefert Meyer (1989, 360 f.) ein Ablaufschema für das Rollenspiel generell, das auch auf fremdsprachliche *role plays* übertragbar erscheint:

(1) Erläuterung von Thema, Handlungssituation und Zielsetzung; Thematisierung von Beteiligungsängsten
(2) Festlegung und Zuteilung der Rollen
(3) Einarbeitung in die Rollen (Methodische Varianten: *role cards*; Erarbeitung der Rolle im gemeinsamen Gespräch; Sammeln von Verhaltensweisen in Kleingruppe; offene Interpretation der Rolle)
(4) Formulierung des Beobachtungsauftrags (Beobachtungsbogen für „Mitdenker“, keine passiven Zuschauer)
(5) Räumliche Organisation (Spielfläche)
(6) Aufbau der Spielsituation (Requisiten, Erinnerung an Spielidee durch Spielleiter)
(7) Erster Spieldurchlauf
(8) Erste Auswertungsrunde
(9) Zweiter Spieldurchlauf
(10) Zweite Auswertungsrunde

methodische Angebote und Vorschläge

An Vorschlägen für konkrete Aktivitäten herrscht inzwischen kein Mangel mehr. Von Maley/Duff (1982) stammen originelle ***drama techniques***, wobei sie darunter Handlungsweisen verstehen, die den SchülerInnen gestatten, all ihre nonverbalen Charakteristika einzubringen und die Unterrichtsstunde als individuelle Persönlichkeit kreativ mitzugestalten. Ob Aufwärm- und Abkühlungsübungen, Beobachten, Interpretieren, Kreieren, Problemlösen, Wortspiel oder Verwendung literarischer Texte: Die einzelnen – jeweils mit Hinweisen zu Durchführung und Variierung versehenen – Techniken verstehen sich nicht als Anleitungen zu steifen Aufführungen vor einem passivem Publikum oder als rein sprachlich orientierte Transferübungen zu vorher neu gelerntem Stoff.

Solch starre Aktivitäten schließt auch Ladousse (1987) mit ihren Vorschlägen zu **Rollenspielen** aus. Dazu zählen Aktivitäten zum Rollenkonzept, Improvisationsspiele, auf *information gaps* basierende Kommunikationsspiele, Entscheidungsspiele und Simulationen (cf. S. 98–105). Im Vergleich zu Maley/Duff sind die einzelnen Rollenspiele noch wesentlich differenzierter beschrieben und enthalten neben Angaben zu *level*, *aim*, *time*, *language*, *organization*, *preparation*, *warm up* und *procedure* vor allem auch ausführliche und hilfreiche Rollenkarten.

Die von Scheller empfohlenen **Spieltechniken** zur Vertiefung, Variation und Verfremdung der Schülererfahrungen (1981, 197 ff.) sind auch im Englischunterricht einsetzbar: Rollentausch, Rollenübernahme, Rollenwechsel, Rollenverfremdung, Einführung neuer Rollen, Doppelrolle, Selbstgespräch, Beiseitereden, Autodrama, Hilfs-Ich, Spielleiter-Fragen. Den Beobachtern stehen dabei verschiedene Möglichkeiten offen, ins Spiel einzugreifen, sei es durch Zeiger, Echo, Personenbeobachtung, Identifizierung, Unterbrechung oder Hinter dem Rücken.

Nachahmenswerte Vorschläge für den Englischunterricht der **Mittelstufe** unterbreitet BLUDAU (2000). Ein Gedicht dient hier als Basistext für die pantomimische Darstellung, das Lesen trägt zur Synchronisierung von Sprech- und Körpersprache bei und das selbstständige Erarbeiten einer Spielvorlage erfolgt mit Hilfe von *cue cards.* Rollenkarten kommen auch bei der Auseinandersetzung mit dem *Macbeth*-Stoff zum Einsatz, wobei die Geschichte weiterentwickelt und ein Script erstellt werden, bevor mit Proben auf die große Aufführung vor der Klasse hingearbeitet wird.

Weitere Anregungen für Aktivitäten bieten LÖFFLER (1981) und insbesondere KLIPPEL (1984). MEYER (1997) verbindet szenisches Spiel und **Lernen durch Lehren**, indem er SchülerInnen als Regisseure und Lehrer bei SHAKESPEARES *A Midsummer Night's Dream* auftreten lässt.

Ergebnisse

Eine systematische empirische Evaluation der Lernform *szenisches Spiel* existiert nicht, was aufgrund der **Vielfältigkeit** dieses Ansatzes auch nicht verwundert. Es gibt eine Reihe von Darstellungen einzelner Projekte in den gängigen Fachzeitschriften, die – auch vielleicht aufgrund der Personalunion AutorIn – ProjektleiterIn – meist sehr positiv ausfallen.

positive Berichte, wenig Empirie

Eine Ausnahme bildet WILKENING (1998), die dem szenischen Ansatz zwar prinzipiell sehr aufgeschlossen gegenübersteht, die auftauchenden Probleme aber recht ausführlich und kritisch beleuchtet. Sie hat **dramatische Formen in offenen Unterrichtsphasen** in der 5. Klasse (Klassenmagnetbild), der 7. Klasse (Spielen eines Märchens), der 8. Klasse (Fertigstellung und Aufführung eines Western) und der Sekundarstufe II (Ausgestaltung von *open endings* absurder Kurzdramen) von ihren SchülerInnen entwickeln lassen und dabei viel Freude, großes Engagement, erstaunliche Kreativität und ein hohes Maß an kommunikativer Kompetenz festgestellt. Sie gibt aber auch zu, bei den FünftklässlerInnen die Möglichkeiten der Selbstbestimmung und des Sozialverhaltens überschätzt zu haben; striktere Leitung wäre hier vonnöten gewesen. Auch in der 7. Klasse muss sie das Paradoxon „akzeptieren, dass ich bis über die Pubertät hinaus Phasen, je offener sie sind, umso stärker lenken muss; erst danach kann ich Eigendisziplinierung erwarten" (ib., 18). Ähnlich zeigt sich für die Mehrheit der AchtklässlerInnen, dass sie „noch nicht offen genug ist, sich selber zu öffnen. Unter dem Deckmantel einer fremden Rolle ist das immerhin noch

Problempotenzial

leichter“ (ib.). Die aktive Literaturinterpretation in der Oberstufe gestaltete sich nach anfänglichem Missmut zu einem nachhaltigen Lernerlebnis.

Beurteilung

Szenisches Spielen trägt zu einer Öffnung des Fremdsprachenunterrichts bei, indem die **Bereiche des Sprachgebrauchs ausgeweitet** werden. Formen und Funktionen der Sprache variieren in Bezug auf Beruf, Status, Persönlichkeit, Stimmung, Meinung, Ort, Zeit und kommunikative Funktion. Je nachdem, in welche Rollen die Lernenden schlüpfen, werden diese Parameter unterschiedlich ausgefüllt.

Sprachgebrauch in Rollen

Hinsichtlich des **Grades der Öffnung** bestehen natürlich immense Unterschiede. Ein Rollenspiel geht vom imitativen Nachsprechen einer kurzen vorgegebenen Szene bis zum eigenständigen Entwerfen und Spielen von Sequenzen mit offenem Handlungsgerüst. Beim gelenkten Rollenspiel gibt es präzise, weitgehend festgelegte Vorgaben für das Handeln, eine Rolle muss übernommen werden (*role taking*). Beim freien Rollenspiel existieren dagegen keine genauen Festlegungen der Handlungsalternativen, welche eine kreative und konstruktive Ausfüllung der zugewiesenen Rolle einengen würden (*role making*). Dialogmodelle mit der Aufforderung zum Nachsprechen oder Auswendiglernen wurden in der Geschichte des Fremdsprachenunterrichts schon sehr früh eingesetzt. Die spätere Kombination dieser Dialogmodelle mit Substitutionsmustern eröffneten schon etwas mehr Freiräume. Je größer und zahlreicher die Leerstellen in den Dialoggerüsten werden, desto kreativer, lebendiger und offener wird szenisches Lernen.

Öffnungsgrade: breites Spektrum

Ein Kriterium für Offenheit stellt die **textliche Grundlage** dar. Vorgefertigte Stücke bieten in der Regel weniger Freiraum als von SchülerInnen erstellte Stücke, wenngleich auch die Dramatisierung eines fertigen Skripts interpretative und dramaturgische Entscheidungsräume offen lässt. Natürlich liegt „ein zentraler Vorteil vorgefertigter Stücke … in ihrer sprachlichen Qualität. Der Lehrer muss nicht mehr Schülervorschläge korrigieren, und Schüler lernen von vornherein richtige Wendungen und grammatisch korrekte Sätze“ (Rau 1999, 6). Allerdings eröffnen gerade selbst erstellte Texte die Chance, in authentischen Korrekturphasen auf individuelle Fehler aufmerksam zu machen und gemeinsam eine korrekte Version zu erstellen. Wenn die Themen und Inhalte dabei aus dem unmittelbaren Lebensumfeld der SchülerInnen oder zukünftig zu erwartenden Situationen genommen werden (z. B. Verabredung zum Ausgehen, Kauf von Sportgeräten, Planung eines Ausflugs), sind günstige motivationale Voraussetzungen geschaffen.

Textbasis: Autorenstücke oder Schülertexte

Spielen = Aufführen

Die Texte für szenisches Spielen, ob fertige Vorlage oder selbst erstellt, sind keine narrativen Texte, die nur gelesen werden sollen. Sie wurden und werden geschrieben, um **aufgeführt** zu werden – als Spielvorlagen, als unvollständige Regiekonzepte, die verschiedene Umsetzungsmöglichkeiten im Fremdsprachenunterricht zulassen.

Problempotenzial

Dass bei diesen Realisierungen mehrere **Probleme** auftreten können, darf nicht verschwiegen werden. 28 SchülerInnen einer großen Klasse sind zunächst einmal gleichmäßig zu beteiligen; Rollen müssen zufriedenstellend verteilt werden; extrovertierte wie zurückhaltende Charaktere sollen zum Zug kommen; Widerstände Pubertierender gegen das Rollenspiel sowie ihre Scheu vor Selbstdarstellung müssen überwunden werden; mit Verweigerungshaltungen ist ebenso zu rechnen wie mit überzogenen, nicht ernsthaften Darstellungen oder lediglich scheinhaften Lösungen von Konfliktfällen – stockende Abläufe und zeitintensives Arbeiten sind die logische Folge alldessen. Feingefühl von allen, regelmäßiges Spielen und sachliche Kriterien für die Durchführung und Auswertung sind deshalb vonnöten.

Abschließend sollte noch zwei möglichen **Missverständnissen** vorgebeugt werden. Offenere Ansätze des szenischen Spiels wollen die kognitiv-analytische Interpretation von dramatischen Texten nicht ersetzen, sondern ergänzen. Und szenische Aktivitäten verfolgen zwar nicht nur sprachliche, sondern auch verstärkt pädagogische Ziele, aber sie stellen kein Surrogat für die Couch des Psychoanalytikers oder ein Patentrezept zur psychischen Autotherapie dar.

10 Simulationen

Hintergrund

The real is not only what can be reproduced, but that which is always already reproduced: that is the hyperreal … which is entirely in simulation.
Jean Baudrillard

Der Einsatz von Simulationen in verschiedenen Fächern und Disziplinen begann in den 50er und 60er Jahren des 20. Jahrhunderts. Der entscheidende Impuls auf fremdsprachigem Gebiet ging aber diesmal nicht vom angloamerikanischen Raum aus, sondern von der **französischen Fremdsprachendidaktik** (Débyser 1986; Yaiche 1996; Sippel 2003). In den siebziger Jahren entwickelten Francis Débyser und Jean-Marc Caré vom *Centre International d'Etudes Pédagogiques* (C. I. e. P.) in Sèvres die ***simulation globale*** als eine handlungsorientierte Unterrichtsform zunächst für die Erwachsenenbildung im Bereich *français langue étrangère*. Als Initiator der ersten *simulation globale* gilt der französische Fachdidaktiker Francis Yaiche, der 1978 am Pariser BELC (*Bureau d'Etudes pour les Langues et les Cultures*) den ersten Entwurf seiner bekannten Simulation *L'Immeuble* präsentierte. Die SchülerInnen können dabei innerhalb eines vorgegebenen Rahmens (*contraintes*) sukzessive ihre eigene Welt erschaffen, wobei eine Vielzahl verschiedener Entwürfe besteht (z. B. *Le village, L'hôtel, L'île*), die mit Leben gefüllt werden.

Begriff

hohes Missverständnispotenzial

Eine fremdsprachendidaktische Bestimmung des Begriffs *Simulation* muss sich zunächst von den negativen umgangssprachlichen Konnotationen (Vortäuschung, Verstellung, das Unechte) befreien und sich dann der verwirrenden Vereinnahmung als Oberbegriff für alle *So-tun-als-ob*-Situationen im Fremdsprachenunterricht widersetzen.

Definition und Merkmale

KEN JONES, ein intimer Kenner dieses Unterrichtsverfahrens, geht von folgender Definition aus: „A simulation is reality of function in a simulated and structured environment" (1982, 5):

- ***Reality of function*** bedeutet für die SchülerInnen, ihr reales Ich zeitlich befristet abzulegen und die Rolle der übernommenen Person geistig und verhaltensmäßig anzunehmen. Sie müssen den damit einhergehenden Pflichten und Erwartungen verantwortungsvoll nachkommen. Jegliches *acting* oder *playing games* bleiben damit außen vor, wodurch auch die Zuteilung dieses Unterrichtsverfahrens zu den spielorientierten Varianten ins Wanken gerät.
- Die Umgebung ist ***simulated***, nicht real, zwischen Klassenzimmer und Außenwelt finden keine unmittelbaren Kontakte statt, wodurch ein sanktionsfreier Raum geschaffen wird, in dem sich die Beteiligten relativ sicher bewegen können.
- Diese Umgebung ist aber auch ***structured***, i. e. es wird ein Rahmen festgelegt, der um ein Problem gelegt und in aufeinander folgende Schritte zerlegt wird. Dieses – nicht von den SchülerInnen vereinbarte – Arrangement gewährleistet die Realität der Funktionalität und vermeidet eine Überforderung der Lernenden.

Im deutschsprachigen Raum hat sich u. a. ARENDT intensiv mit Simulationen beschäftigt. Für ihn stellen sie ein Verfahren dar, „das darauf abzielt, die Kommunikationsfähigkeit von Schülern durch ein **Probehandeln** in realitätsnahen Situationen, in denen es einen Konflikt auszutragen gilt, auszubauen und ihr Sozialverhalten positiv zu beeinflussen" (2003, 88). Es wird hier ein enger Bezug der sprachlichen Kommunikation zur außerschulischen Realität hergestellt, der aber dem Probehandeln ebenfalls einen **Schonraum** zur Verfügung stellt. Kommunikative Aktionen können von Lernern getestet werden, ohne dass diese befürchten müssen, mit falschen

Kommunikation im Probehandeln

Schutzfunktion

Entscheidungen gravierende Konsequenzen in der Realität heraufzubeschwören. Als Rollen-Handelnde agieren die SchülerInnen nicht als sie selbst. Sie übernehmen Rollen von Erwachsenen, in denen sie Aufgaben zu lösen haben, die in die Zukunft gerichtet sind. Sie lösen Konflikte, wo sie nicht passiv bleiben können, sondern Aktion von ihnen verlangt wird. In diesem Rahmen sind günstige Bedingungen für Interesse und Motivation gegeben. Eine wesentliche Rolle spielt dabei das Sozialverhalten. Zusammenarbeit zwischen den TeilnehmerInnen ist unabdingbar, was (neben Partnerarbeit und Plenumsarbeit) vor allem Gruppenarbeit erfordert. Der Anteil des Frontalunterrichts wird reduziert, die Lehrkraft tritt als BeraterIn in den Hintergrund. Angestrebt wird eine zunehmende Selbstständigkeit der SchülerInnen, die permanent kleinere und größere Entscheidungen treffen müssen, einzeln oder kollaborativ.

Motivation

Um die gelegentlich festzustellende Begriffsverwirrung zu entflechten, sind **Abgrenzungen** zu verwandten Verfahren dienlich.

terminologische Grenzen

- Ein **Spiel** dient primär dem Zeitvertreib, und Lernen ist dabei höchstens ein Nebenprodukt, während bei der Simulation der sprachlich-lernende Charakter im Vordergrund steht.
- Im Gegensatz zum **Sprachspiel** basiert eine Simulation nicht auf einem expliziten, von den Spielern einzuhaltenden Regelwerk, sondern auf Informationen, Zielorientierung und Problemlösung durch Diskussion.
- Bei vielen **Rollenspielen** ist das Sprachhandeln repetitiv-imitativer Natur, wogegen die kommunikative Bandbreite einer Simulation größer und offener ist.
- Wenn beim **szenischen Spiel** Situation und Text weitgehend vorgegeben sind, bleibt für spontanes Sprechhandeln wenig Platz; in Simulationen ist die sprachliche Realisierung offen.
- Bei einer **Fallstudie** wird ein Fall von außen aus der Distanz von Nichtbeteiligten analysiert, beim dynamischen Ereignis der Simulation werden dagegen die Teilnehmer voll in das Geschehen integriert.
- Ziel eines **Projektes** ist es gemeinhin, ein Produkt zu erstellen, während der Abschluss einer Simulation sich vor allem auf die Lösung eines Problems richtet.
- Ob zwischen **Planspiel** und Simulation ein Unterschied besteht oder beide synonym verwendet werden können, das Wort Planspiel sozusagen das deutsche Äquivalent darstellt, ist umstritten. Beide verfolgen ein realitätsnahes Probehandeln zur Reflexion und Vorbereitung zukünftiger Wirklichkeit.

Ziele

Vielzahl an Zielen

Folgende **Ziele** werden immer wieder in den Blick genommen:
- Realitätsbezug
- integratives Training aller vier Fertigkeiten
- Interesse
- Motivation
- Förderung des Sozialverhaltens
- Selbstständigkeit
- Selbstvertrauen
- Lernstrategien
- Ganzheitlichkeit
- *monitoring* (Begutachtung der SchülerInnen durch die Lehrkraft)

Unterrichtsgestaltung

vorbereitende Auswahlprozesse

Entscheidend für das Gelingen einer Simulation ist die **Selektion** der passenden Variante. Die Wahl eines schülernahen Themas spielt dabei eine wichtige Rolle, aber „interaction is likely to be more important than the subject matter“ (Jones 1982, 114). Zur systematischeren Orientierung liefert Jones eine chronologische Checkliste für die Auswahl (1982, 29):
(1) Entscheidung über Zielprioritäten
(2) Abschätzung der interaktiven Sprachkompetenz der Lernenden
(3) Suche nach passender Simulation (Empfehlungen: Jones 1982, 27–29)
(4) Begutachtung der Voraussetzungen: Zeit, Gruppengröße, Raum, Organisation, Hardware
(5) Entscheidung über persönliche Teilnahme/Nicht-Teilnahme der Lehrkraft
(6) Anpassung der Simulation an Gruppe im Bedarfsfall

Typisierungen

Was die **Typen** von Simulationen angeht, besteht eine große Bandbreite. Die Bearbeitungszeit kann zwischen einer halben Stunde und mehreren Monaten liegen, hinsichtlich Komplexitätsgrad gibt es simple bis hochdifferenzierte, bei der Zielorientierung lassen sich geschlossene (eine richtige Antwort) und *open-ended simulations* (Ergebnis von individueller Aushandlung abhängig) unterscheiden. Arendt (1997, 6 ff.) führt drei Typen von Simulationen an, wobei er inhaltliche (Typ I vs II) und mediale (Typen I/II vs III) Kriterien vermischt:
- Typ I: allgemeine Probleme – Lösung durch Vertreter von Interessengruppen
- Typ II: private Konflikte in Alltagssituationen – Lösung abhängig von privaten Intentionen

- Typ III: Computer-Simulationen – Einzelarbeit (Computer als Kommunikationspartner) oder Gruppenarbeit (Computer als Datenbank und Rechner)

Phasenstruktur

Eine Simulation ist im Regelfall in einzelne **Phasen** gegliedert, die ihrerseits in mehrere Schritte unterteilt sind. Ein dreiphasiges Gerüst, das genügend Spielraum für individuelle Variationen offen lässt, schlägt Jones vor: *preparing for the simulation, the simulation in action, follow-up* (1982, 30–63). Ein wesentlich differenzierterer und scheinbar einengenderer Rahmen findet sich bei Arendt (2003, 90–94). Nötige Flexibilität und didaktischer Spielraum werden allerdings dadurch eröffnet, dass einzelne Schritte und sogar Phasen als fakultativ betrachtet werden. Es folgt ein Überblick über die vier (obligatorischen) bzw. sieben (inklusive drei fakultativer) Phasen.

Phasen einer Simulation

Phase	Schritte
(A) Einstieg: Hinführung und Hinweise	1. Thema 2. Materialien 3. Verfahren 4. Techniken
(B) Vorarbeit (fakultativ): Vorentlastung resp. …	1. Wortschatz 2. Grammatik 3. Redemittel
(C) Informationsgewinnung	1. Basistext 2. Gruppenbildung 3. Rollenerwartungen
(D) Informationsweitergabe	1. Vorbereitung (Einzelarbeit) 2. Leistungskontrolle (Partnerarbeit) 3. Absprachen (Gruppenarbeit) 4. Weitergabe (Gruppenarbeit, Plenum)
(E) Lösung	1. Vorbereitung 2. *trial run* 3. Auseinandersetzung 4. Abstimmung
(F) Meinungsaustausch (fakultativ)	Diskussion im Klassenverband nach Aufhebung der Rollenverteilung
(G) Evaluation (fakultativ)	Bewertung der geleisteten Arbeit

Andere Strukturmodelle siedeln sich zwischen dem Simplex-Modell von Jones und dem Komplex-Modell von Arendt an.

Ergebnisse

Im angloamerikanischen Raum wurden in den 50er und 60er Jahren des letzten Jahrhunderts viele Experimente durchgeführt, um die Tauglichkeit des neuen Verfahrens zu überprüfen. Sowohl punktuelle Studien (Frage: Funktioniert diese spezielle Simulation mit diesen Schülern in dieser Situation?) als auch ambitioniertere Projekte (Frage: Ist die Simulationstechnik anderen methodischen Verfahren überlegen?) erbrachten **positive Ergebnisse**:

GB/USA: Resultate positiv

- Simulationen wirken sich sehr positiv auf das Motivationsniveau aus.
- Simulationen sind bei SchülerInnen und LehrerInnen beliebt.
- TeilnehmerInnen an einer Simulation sind von deren pädagogischem Wert überzeugt.

Die grundsätzliche Überlegenheit der Simulationstechnik über andere Verfahren konnte natürlich nicht bewiesen werden, denn entsprechende Forschungsdesigns ignorieren die multifaktorielle Komplexität dieser Forschungsfrage.

Berichte aus der deutschen Englischdidaktik

Im deutschsprachigen Raum beschränken sich die englischdidaktischen Untersuchungen auf relativ punktuelle Erfahrungsberichte von Hochschuldidaktikern und forschenden Praktikern. Becker (1987), die in verschiedenen Klassenstufen der Haupt- und Realschule die Simulation *At a camping site* erprobt hat, berichtet von einem breiten Lernpotenzial, einem motivierenden Unterrichtsverlauf und Verbesserungen im produktiven Umgang mit der Fremdsprache.

Ein Beispiel für den Arendtschen Typus III findet sich bei Wiegand (1991). Er führte eine **Computer-Simulation** anhand der Software *Where in the world is Carmen Sandiego* durch, bei der die SchülerInnen in die Rolle von Detektiven schlüpfen, die rund um den Globus nach der Chefin einer Diebesbande mitsamt ihren Komplizen fahnden. Um nicht nur Kommunikation *mit* dem PC, sondern auch Kommunikation *vor* dem Computer in Gang zu setzen, arbeiteten Gruppen von 3–5 Personen gemeinsam an einem PC. Neben einer allgemein positiven Resonanz bei den SchülerInnen erwies es sich, dass in der *briefing phase* eine schriftliche Einführung in die Simulation zwecks gleichmäßigerer Orientierung vorliegen sollte, bei Simulations-Anfängern ein exemplarischer Durchgang ratsam ist und die mündlichen Kommunikationsphasen mit zunehmender Dauer immer flüssiger verliefen.

Nissen (1993a) produzierte mit einer 10. Klasse im Laufe eines ganzen Unterrichtsvormittags die Titelseite einer überregionalen amerikanischen **Tageszeitung**. Dabei hatten die einzelnen Redakteurteams *vor allem die Erfahrung gemacht, dass sie in der Fremdsprache über einen ganzen Vormittag ein gestelltes Thema völlig selbständig und eigenverantwortlich bearbeiten konnten. Sie haben die Auswahl der Inhalte selbst vorgenommen, und sie haben den Arbeitsprozess selbst nach ihren individuellen Möglichkeiten gestaltet.* (NISSEN 1993a, 160)

Der bekannte Familienkonflikt anlässlich der **Wahl des Fernsehprogramms** bildete die thematische Basis für das Handlungsmodell von HINZ, das er im Englischunterricht der ersten Lernjahre ausprobierte. Als Fazit seiner Erfahrungen mit dieser Interaktionsform konstatiert er, „dass das Engagement der Schülerinnen und Schüler und die feststellbare Verbesserung der Kommunikationsfähigkeit die Mühen der Vorbereitung lohnen" (1994, 363).

Für seine 8. Klassen erstellte ARENDT zwei Simulationen selbst (*action holidays, visiting the USA*) und sah positive Auswirkungen. Die SchülerInnen zeigten sich sehr aktiv, „kein einziger machte auch nur den Versuch, sich zu drücken" (1994, 45), sogar lernschwächere SchülerInnen beteiligten sich eifrig und brachten beim monologischen und dialogischen Sprechen ausreichende Leistungen, und Fortschritte im sozialen Lernen waren deutlich zu erkennen.

Insgesamt legen die diversen Studien und Erfahrungsberichte – vorbehaltlich der üblichen forschungsmethodologischen Einwände (Novitätseffekt, HAWTHORNE-Effekt, Pygmalion-Effekt) – ein gutes Zeugnis ab. All diejenigen, die über praktische Erfahrungen mit dem Verfahren Simulation berichten, beurteilen die Ergebnisse durchweg zufrieden. „Immer wieder ist sogar Begeisterung zu spüren über den höchst motivierenden Arbeitseinsatz der Lernenden" (ARENDT 2003, 89).

Beurteilung

breite theoretische Reflexion vs seltene Praxis

Simulationen werden inzwischen seit geraumer Zeit im Fremdsprachenunterricht verwendet. Mitte der achtziger Jahre konnte man eine Fülle an Publikationen (Büchern, Aufsätzen, Materialien) verzeichnen, aber eine **breite Umsetzung in die Praxis** fand **nicht** statt. Trotz äußerst ermunternder Erfahrungen werden Simulationen von LehrerInnen nur in einem bescheidenen Rahmen eingesetzt (ARENDT 2003, 88). Diese Zurückhaltung mag zum einen mit der zeitaufwändigen Erstellung von eigenen Vorlagen zusammenhängen, zum anderen auch mit der fehlenden Kenntnis bereits bestehender Simulationen.

Offenheit

Egal ob Marke Eigenbau oder Mustervorlagen, Simulationen können zu den **offenen** Unterrichtsverfahren gerechnet werden. Sie simulieren die Wirklichkeit einer Außenwelt, aber auf der Ebene des Funktionierens interaktioneller Abläufe sind sie real. In dieser simulierten Realität bestimmen die Lernenden eigenverantwortlich, wie sie ihre Rollen inhaltlich und sprachlich ausfüllen wollen. Sie fällen Entscheidungen selbstständig und sind weitgehend für das Ergebnis des Prozesses zuständig. Unter diesen Voraussetzungen ist das Ergebnis der Simulation, die Konfliktlösung, offen.

Rolle von Lehrenden

Diese Autonomie der SchülerInnen wird durch die Lehrkraft nicht entscheidend untergraben. Die Lehrkraft wird vom Wegweiser zum Wegbegleiter, der den Reisenden und Suchenden unterstützt – durch Hinweise beim *briefing* und *debriefing*, durch die Bereitstellung von Materialien und Informationen; mit Entscheidungen hat sie sich jedoch prinzipiell zurückzuhalten.

Öffnungsgrade

Einschränkungen der Offenheit ergeben sich allerdings daraus, dass bei einer Simulation per definitionem das Probehandeln in einem simulierten und strukturierten Rahmen stattfindet. Die Grenzen zwischen dem Klassenzimmer und der Außenwelt werden nicht überwunden, es findet kein direkter Kontakt mit der außerschulischen Wirklichkeit statt. Die Strukturierung, die sich durch die Gliederung in Phasen und Schritte sowie die Funktionszuschreibung mittels Rollenkarten ergibt, sorgt zwar für Orientierung und Effizienz, schränkt aber die Offenheit des Unterrichtsereignisses ein. Die damit einhergehende Gefahr der Erstarrung ist umso geringer, je mehr Handlungsabläufe zur Disposition und Handlungsspielräume zur Verfügung stehen.

Vorteile für die Sprachverwendung

Ein lernförderndes Potenzial steckt bei Simulationen vor allem in der Art der **Sprachverwendung**. Da die Teilnehmer mit der Übernahme bestimmter Rollen entsprechende Funktionen übernehmen und sie gleichzeitig gegeneinander-gemeinsam um die beste Lösung ringen, ist der *simulation discourse* von Natur aus funktionell und kohäsiv angelegt. „It is the language of action and interaction, the language of fulfilling duties and accepting responsibilities, the language of exploring problems and reaching decisions" (Jones 1982, 8).

Einflussfaktoren: Thema, Rollen

Ob das Potenzial, das in dieser Art sprachlicher Interaktion liegt, auch voll zur Geltung kommt, hängt entscheidend von der **Thematik** und den **Rollenzuschreibungen** ab. SchülerInnen verlieren schnell das Interesse an einer Simulation, wenn sie sich mit den Personen nicht identifizieren können. Umso dringender ist daher eine enge inhaltliche Anknüpfung an die Lebensrealität der Lernenden.

Medienorientierte Ansätze

Die verschiedenen Typen moderner Medien stehen bei den folgenden fünf Ansätzen im Mittelpunkt. *Music Based Language Learning* (Lernarrangement 11) macht sich den Wert auditiver Zeichen zunutze, *Film Based Language Learning* (12) verwendet audio-visuelle Formate, *Internet Based Language Learning* (13) vereint verbale, auditive und visuelle Quellen in einem multimedialen Hypertext. Die unterschiedlichsten Medien stehen auch beim *Self Access Language Learning* (14) zur Verfügung, wobei hier die Sozialform des Selbstlernens das Spezifische darstellt. Schließlich wird auch der *Dogme Approach* (15) in diese Gruppe von Ansätzen eingereiht, weil er in seiner dezidierten Anti-Medien-Haltung die Verwendung von Medien im Klassenzimmer kritisiert.

11 *Music Based Language Learning*

Hintergrund

A world without music is useless
SANTAYANA

Musik und Lied wurden **schon immer** im fremdsprachlichen Unterricht verwendet (MURPHEY 1990, 135 ff.). Schon im Mittelalter fungierte das Lied als bewährtes Instrument zur Schulung der Aussprache. In den letzten 100 Jahren beschränkte sich Musikeinsatz lange Zeit schulartspezifisch auf die Primarstufe und die Waldorfschulen sowie genrespezifisch auf traditionelle *folk songs (Old MacDonald had a farm)*; und man begnügte man sich dabei meist mit dem gemeinsamen Singen dieser Lieder nebst Erklärung unbekannter Vokabeln im Liedtext.

Popmusik: ***das** Englisch-Lernmedium*

Eine folgenreiche Erweiterung des Liedguts fand durch den Siegeszug der **Popmusik** statt, der in den sechziger Jahren einsetzte. *Beatlemania*, *Flower Power* und Rock-Rebellion erhoben Popsongs zum wichtigsten Medium und Produkt englischer Sprache bei vielen Jugendlichen (und zukünftigen Englisch-LehrerInnen). Neben dem dominierenden Pop-Mainstream boten sich später vereinzelt auch **andere musikalische Genres** als Unterrichtsmedium an.

jazz chants

So machen sich *jazz chants* rhythmisch-ganzheitliche Bedürfnisse bei der Einprägung sprachlicher Muster zunutze (GRAHAM 1978; GRAHAM 1993): Gedichte, Texte und grammatische Phänomene werden von amerikanischen Sprechern rhythmisch vorgetragen und anschließend von den Lernenden gruppenweise nachgesprochen und wiederholt gesungen. Eine Zäsur mit weitreichenden Konsequenzen im *music business* stellte die

Erfindung der **Musikvideoclips** (MVC) dar (THALER 1999). Nachdem der amerikanische Kabelfernsehkanal MTV am 1. August 1981 mit dem *Buggles*-Hit *Video killed the radio star* auf Sendung gegangen war und seitdem rund um die Uhr MVC ausstrahlt, haben sich die Rezeptionsgewohnheiten bezüglich Musik gewandelt. Die Omnipräsenz des MVC als bebilderte Musik musste die alleinige Audio-Präsentation eines Songs auf Kassettenrecorder im Klassenzimmer bald als medial-didaktischen Anachronismus erscheinen lassen.

Musikvideos

Begriff

Music Based Language Learning verwendet **Musik** als **Unterrichtsgegenstand** oder **Thema.** Es können auch fremdsprachige Musikprodukte in einem **prozessorientierten Unterricht** selbst erstellt werden.

Ziele

Motivation

In Liedern, vor allem aktuellen Pop- und Rocksongs, steckt ein großes Motivationspotenzial. Nach dem motivationstheoretischen **A-Dekalog** (THALER 1999, 134 ff.) bieten Popsongs:

(1) Abwechslung
(2) Attraktivität
(3) Allgegenwärtigkeit
(4) Authentizität
(5) Aktualität
(6) Adressatenorientierung
(7) Anwendbarkeit
(8) Affektivität
(9) Auslegbarkeit
(10) Aktivität

Die Arbeit mit Pop- und Rocksongs entspricht den Leitlinien gegenwärtiger Fremdsprachendidaktik, denn neben Authentizität erfüllt sie die Kriterien der Inhaltsorientierung, Lernerorientierung, Ganzheitlichkeit, Aufgaben- und Handlungsorientierung, Prozessorientierung und Lernorientierung (TIMM 1998b, 178). Dabei muss der Lernende allerdings geführt werden: vom passiven Hören über das bewusste Zuhören bis hin zum kritisch-reflektiven Verstehen und schließlich zum aktiven Darüber-sprechenwollen.

Voraussetzung: mehr als passives Rezipieren

Die **Lernziele**, die bei der Bearbeitung von Musikvideoclips anvisiert werden (THALER 1999, 142 ff.), gelten in leicht reduzierter Form auch für die Audioversionen:

Ziele der Arbeit mit Audiomaterial

- Phonetik: Ausspracheschulung, Förderung des Sprachflusses durch Singen
- Lexis: Erweiterung des aktiven und passiven Wortschatzes, Verbesserung des lexikalischen Gedächtnisses
- Grammatik und Sprachbetrachtung: Bewusstsein vom kommunikativen Nutzen grammatischer Strukturen, Einübung von Strukturen in Songs mit konzentrierten grammatischen Phänomenen, Bewusstwerdung der verschiedenen *Englishes*, Erkennen grammatischer Non-Standardismen, kontrastive Spracharbeit
- Pragmatik: authentische Texte, Jugendszene, schülernahe Inhalte als Diskussions-Schrittmacher
- Interkulturelles Lernen: kontrastiv-linguistisches Sprachwissen, soziokulturelles Orientierungswissen, interkulturelles Bewusstsein
- Textbetrachtung/Literatur: *lyrics* als *moderne (Massen-)Lyrik*, literarischer Anspruch ambitionierter *singer-songwriters*, Behandlung als Alltagstexte
- Medienkompetenz: wertneutrale Analyse, kritische Reflexion, aktive Produktion
- Fächerübergreifendes Denken: fachinterne, fachexterne und interdisziplinäre Integration der Kenntnisse und Fertigkeiten anderer Disziplinen (Musik, Kunst, Gesellschaftswissenschaften etc.)

Unterrichtsgestaltung

Am Anfang der Arbeit steht die **Selektion** eines passenden Liedes. Die Lehrkraft (oder die SchülerInnen) als Selektionsinstanz können sich dabei an folgenden Auswahlkriterien orientieren (cf. auch THALER 1999, 174 ff.):

Auswahlkriterien für musikalisches Material

- Curricularität (cf. oben, Lernzielbezüge): Orientierung am Lehrplan, Auslöser ergiebiger Diskussionen
- Komplexität: akustische Verständlichkeit, lexikalisch-grammatikalische Progression, Kohärenz, Kohäsion, Weltwissen
- Musikalität: Genre, einprägsame Melodie, zum Mitsingen einladender Refrain, Instrumentierung
- Popularität: Marktsituation, Hitsongs aus den Charts oder *oldies but goldies*?
- Aktualität: Anknüpfung an aktuelle Ereignisse, Wochentage, Jahrestage, Feiertage, Jahreszeiten
- Ästhetik: Zusammenspiel Text – Musik (– Bilder), Status als Pop-Klassiker, Demonstration am negativen Beispiel

- Pädagogik: Thematisieren von Tendenzen der Gewaltverherrlichung, Sexualität, Sexismus, Kommerzialisierung, Trivialität
- Logistik: Verfügbarkeit auf CD, Ergänzung durch MVC, Liedtext als Handout (Internet), Hintergrundinformationen

Was die **Strukturierung** der Arbeit mit einem Song betrifft, könnte man **vier** grundsätzliche **Planungsmodelle** unterscheiden: den traditionellen *global-to-detail approach*, den *pre-while-post approach*, einen *code-referenced approach* und den *MVC approach*.

1. global-to-detail approach
(from global comprehension to detailed understanding)
(1) Introduction: singer, title
(2) First listening
(3) Global comprehension
(4) Second listening
(5) Detailed comprehension
(6) Analysis

2. *PWP approach* *(pre-, while-, post-phases)*
(1) Pre-listening activities
(2) While-listening activities
(3) Post-listening activities

3. *code-referenced approach* *(codes of a song)*
- *Working with the written text*
- *Comprehending the listening text*
- *Discussing the music*
- *Analysing the visuals*
- *Researching the context*
- *Integrating the five previous codes*

4. *MVC approach* *(working with music videos)*
- *Lyrics-first-approach*
- *Sound-first-approach*
- *Vision-first-approach*
- *Vision-off-approach*
- *Sound-off-approach*
- *Lyrics-off-approach*
- *All-codes-approach*

Hat man sich für einen grundlegenden *approach* entschieden, gilt es, auf der unterrichtlichen Mikroebene passende **Verfahren** und Techniken auszuwählen. Es folgt eine Zusammenstellung relativ **offener *activities***, unterteilt in *pre-listening*, *while/post-listening* und *follow-up* (THALER 1999, 207 ff.; MURPHEY 1992, 17 ff.).

Offene Techniken beim „Music Based Language Learning“

Phase	Activities
Pre-listening phase	• *Visual sign* • *Title mindmap* • *Provocative statement* • *Vote a quote* • *Pyramid discussion* • *Opinion poll* • *Key item guessing/writing* • *Upside down comprehension* • *Music questionnaire* • *Music survey* • *Music newsletter* • *Musical introduction cards* • *Pop picture twenty questions*
While/post-listening phase	• *Note taking of key words/phrases* • *Describing the relationship between text – music (– visuals)* • *Predicting after pauses* • *Half (hear the song) & half (read the lyrics)* • *Fantasy trip* • *Heartstorming* • *Note-making* • *Headlining the song/text*
Follow up	• *Prolonging the lyrics* • *Changing the lyrics* • *Completing the story-line* • *Finding alternative endings* • *Changing the perspective (other person)* • *Writing a story from key words of the lyrics* • *Transforming into a different genre* • *Writing a review of the song* • *Writing an article about the band* • *Writing a letter to the singer/a music magazine/fan club/MTV* • *Chain writing* • *Creating an interview with the band* • *Discussing the context of the music business (economy, addressee, culture etc.)* • *Holding a debate* • *Drawing a stanza*

Phase	Activities
	• *Designing a song newspaper* • *Adding sound clips and information to the school/class homepage* • *Writing and producing a song/video*

Ergebnisse

psychophysische Auswirkungen

Dass sich Musik auf Körper, Seele (und Geist) auswirkt, ist inzwischen weitgehend gesichert (cf. Quast 1994):

- Physiologische Effekte: Pulsschlag, Atmung
- Emotionale Effekte: Auslösung von Gefühlsprozessen, individuelle stimmungsmäßige Musikerfahrung
- Psychohygienische Effekte: Entspannung, Aktivierung
- Sozialpsychologische Effekte: Mechanismus der Ansteckung, Übertragung psychischer Stimmungen auf Gruppenmitglieder

kognitive und kommunikative Effekte

Wenn Ton, Rhythmus und musikalische Komposition **psycho-soziale Wirkungen** entfalten, bedeutet dies für den Fremdsprachenunterricht, dass Musik zur Entspannung oder Aktivierung, zur Einstimmung auf Unterrichtsphasen und zur Förderung assoziativer Prozesse eingesetzt werden kann. Quast (1994) konstatiert auch **kognitive Effekte** (Stimulation von Denkprozessen durch Bewegung, Vielfalt, Überraschung, Originalität) und kommunikative Effekte (Form und Auslöser von Kommunikationsprozessen, Unterstützung sprachlichen Handelns), glaubt an eine die Gedächtnisleistung fördernde Kraft der Musik und vertraut auf die Aktualisierung innerer Kommunikation durch Kombination von Musik und verbalem Material.

phonetische Wirkungen

Dass zwischen musikalischer Fähigkeit und Ausbildung einerseits und der **Aussprache** in der Fremdsprache andererseits eine positive Korrelation herrscht, wurde immer wieder empirisch nachgewiesen (Arellano/Draper 1972). War bei diesen Studien Musikalität nicht auf Popmusik bezogen, berichten andere überzeugt vom Nutzen des Popsongs bei der Ausspracheschulung (Dubin 1975). Einzelne Laute, Betonung und Rhythmus werden durch Songs sehr gut vermittelt, das Lernen wird ähnlich wie bei Drillübungen verstärkt, nur auf angenehmere Weise. Zudem können Kontraktionen, halb verschluckte Silben und Wörter, palatalisierte Laute (*wouldja*) und der verkürzte *-ing*-Laut (*singin'*) vermittelt werden. Wenn man die Songs singen lässt, werden schwierige Laute besser bewältigt, Wortbindungen gelingen leichter, der Knacklaut vor betontem Vokal wird eher vermieden, der

Sprachfluss wird insgesamt gefördert (CASS/PISKE 1977). Manche Personen, die hörbare Probleme mit der Aussprache haben, können fremdsprachige Lieder fehler- und akzentfrei singen.

Hören und Verstehen

Als ein großes Problem hat sich das **Hörverstehen** von Popsongs erwiesen. Die musikalisch-rhythmischen Charakteristika des gesungenen Textes, eine dominante Instrumentierung und ein individueller Singstil erschweren das Verständnis enorm. Selbst *native speakers* haben mitunter große Schwierigkeiten, einen Popsong korrekt zu dekodieren (GREENFIELD et al. 1987).

lexikalisches Wissen unterstützt

Auf dem Gebiet des **Wortschatzes** hat komparativ-quantitative Forschung einen positiven Zusammenhang zwischen Song und lexikalischem Gedächtnis festgestellt (MURPHEY 1990, 151). Wörter werden leichter memoriert, ein Lied wird schneller gelernt und besser behalten als ein Dialog, die mit dem Lied gelernten Wörter können auch in andere Kontexte transferiert werden. Es zeigte sich, dass Jungen die Musik als kinästhetisches Moment mehr benötigen als Mädchen, und dass schwächer begabte SchülerInnen stärker von Songs profitieren als höher Begabte. Vor diesem Hintergrund ist sowohl das *song-stuck-in-my-head*-Phänomen verständlich als auch die Tatsache, dass Kinder mit geringen Fremdsprachenkenntnissen einen ganzen englischen Song singen können (THALER 1999, 148).

Aufbau pragmatischer Kompetenz

Im Bereich der **Pragmatik** legen vereinzelte Erfahrungsberichte und kleinere Studien den Schluss nahe, dass Songs dem Aufbau kommunikativer Kompetenz dienlich sind (CASS/PISKE 1977, 133; MURPHY 1990, 189 f.). Sie erwiesen sich als guter Diskussionsstoff, zeitigten einen motivierenden Effekt, erhöhten das Interesse und trugen zu einer verbesserten Einstellung zur Schule bei. Bei einer Umfrage unter 136 GymnasiastInnen der Klassen 6 bis 13 zählte die überwältigende Mehrheit MVC nicht zu den privat hochbesetzten Themen, vor denen der Unterricht Halt machen müsste (THALER 1999, 134). Die weit verbreitete Befürchtung, der Eingriff des Unterrichtsgesprächs in die Intimsphäre der Heranwachsenden würde zu einer Redeblockade führen, konnte hier nicht bestätigt werden.

Motivation

Der **motivationale Wert** der Popmusik wurde in mehreren Studien erhärtet (JOLLY 1975; APELT/KOERNIG 1994). Es wird auf atmosphärische Vorzüge (gelöstes Unterrichtsklima, Abwechslung, Spaß), die Anwendbarkeit der Englischkenntnisse beim Schlagerhören, die Nützlichkeit für die Erreichung verschiedener Lernziele und die Funktion von Popmusik als Appetitanreger für den schulischen Englischunterricht verwiesen.

Die **Haltungen** von SchülerInnen zu Musikvideoclips (MVC) wurden von THALER (1999, 133 ff.) untersucht. Es zeigte sich, dass die affektiven Voraussetzungen bei den SchülerInnen für die Arbeit mit MVC positiv sind;

sie zeigen auch inhaltliches Interesse am MVC und glauben an deren lerntheoretischen Nutzen.

Beurteilung

Pop- und Rockmusik eignet sich vorzüglich für **kulturpessimistische Fundamentalkritik**. Die Drogen-, Sex- und Gewaltexzesse der Punk-, Metal- und Trash-Szene widern an. Hohe Lautstärke und harter Beat lassen krankhafte physiologische und psychologische Auswirkungen befürchten. Eine humanistisch-philosophisch fundierte Kritik verurteilt Rockmusik als „society's greatest madness" (Bloom 1987, 75), weil sie moralische Erziehung *ad absurdum* führt, die Fantasie ruiniert, seelische Verkümmerung heraufbeschwört, verfrühte Ekstase ohne eigene Anstrengung gestattet und ein inniges Verhältnis zu Kunst, Kultur und Philosophie unmöglich macht.

Vorbehalte gegen Pop- und Rockmusik

Gleichwohl ist das **motivationale Potenzial** von Popsongs unbestritten. Sie sind das Material, das SchülerInnen hören (und sehen) wollen. Mit diesen authentischen Medien lässt sich inhalts- und aufgabenorientierter Fremdsprachenunterricht machen, der vielfältige sprachliche und außersprachliche Lernziele erreichen kann.

Entsprechend wird der **fachdidaktische Wert** von Popsongs nicht mehr grundsätzlich bestritten. 40 Jahre nach der Revolution durch *Beatles* und *Rolling Stones* gibt es im Angebot ausländischer Verlage und einschlägiger deutscher Schulbuchverlage Übungsvorschläge sowie Sammlungen von – mehr oder minder aktuellen – Liedern mit Begleitübungen. Einige – inzwischen schon *classical* genannte – Songs finden sich in bescheidenem Maße integriert in gängige Lehrbücher, meist begleitet von einem Fragenapparat zum Liedtext. Nicht wenige Lehrkräfte setzen daneben zusätzlich Popsongs ein und kontrollieren das Hörverständnis mit Hilfe von Lückentexten.

Fazit: fachdidaktisch wertvoll

(Pop-)Musik ist ein **offenes Medium**. Es eignet sich für prozessorientierte Lernverfahren sowie fächerübergreifende Ansätze und kann ganzheitliche Lernerfahrungen ermöglichen. Lebensnahe Materialien und Aktivitäten sprechen ‚Kopf und Bauch' an, berücksichtigen persönliche Interessen, Erfahrungen und Fähigkeiten und können individuelle Sprachleistungen aktivieren.

Offenheit

Dazu bedarf es allerdings einer Öffnung des **methodischen Zugriffs.** Auch wenn ein Song im Unterricht auf die *lyrics* als schriftlichen Text reduziert wird, muss nicht permanent der sattsam bekannte Katalog an *comprehension questions* das Detailverstehen penibel überprüfen. Zum unangefochtenen Spitzenreiter der Lernzielkontrollen für Hörtexte, i. e. dem bewährten und einfach zu erstellenden *gap filling*, gibt es ebenfalls

... braucht vielfältige Methoden

erprobenswerte Alternativen. Und weder die analytische Standardfrage „What is the message of the song?“ noch die evaluative Standardfrage „What do you think of this song?“ garantieren *per se* einen offenen, kontroversen, engagierten Diskurs.

Lexik ggf. vorentlasten

Oft fehlen die **sprachlichen Mittel**, um persönliche Meinungen artikulieren zu können. Eine idiomatische Vorentlastung in Form einer Zusammenstellung und Übung von Wendungen relevanter musikspezifischer Sprechintentionen kann hier Hilfe leisten (Thaler 1999, 154).

Auswahloffenheit und -hoheit

Offenheit im Umgang mit (Pop-)Musik bezieht sich auch auf die Frage der **Selektion**. Wenn die Lehrkraft das Musikstück auswählt, lässt sich eine zielgerichtete, planvolle, kontrollierte Unterrichtsgestaltung leichter realisieren. Wenn aber nur der Lehrende auswählt, ist es für die Lernenden mitunter schwierig, ihre Gefühle auszudrücken. Das Prinzip der Autonomie lässt – neben logistischen und ökonomischen Argumenten – eine Auswahl durch die SchülerInnen als ratsam erscheinen. Als Formen des Kompromisses kann man zwischen den beiden Selektionsmodi abwechseln oder die Auswahl des Songs den SchülerInnen überlassen, die methodische Aufbereitung aber selbst vornehmen. Die weitreichendste Form lernerzentrierter Unterrichtsgestaltung besteht darin, eine ganze Stunde (Auswahl des Lieds, Erstellung von Aufgaben, Durchführung des Unterrichts) in die Hand eines Schülers zu geben.

12 *Film Based Language Learning*

Hintergrund

If it moves they will watch it. Andy Warhol

Filme werden im schulischen Fremdsprachenunterricht nun seit mehr als 40 Jahren – in bescheidenem Maße – verwendet. In den ersten Jahrzehnten litt der Einsatz an einer starken **quantitativen und technologischen Beschränkung**. Verfilmungen von Literaturvorlagen wurden zum Abschluss der Lektürearbeit für komparatistische oder illustrative Zwecke vorgeführt, populäre Filme gelegentlich in der letzten Stunde vor den Ferien bonbondidaktisch konsumiert. Das technische Trägermedium erlaubte zudem lediglich *straight-through viewing*.

Die Entwicklung der **Videotechnik** machte es einfacher, englischsprachige Spielfilme zu erwerben und einen geeigneten Vorrat aufzubauen. Das Videoband lässt außerdem viele Manipulationsmöglichkeiten zu (Standbild, Vor- und Rückspulen, Veränderungen an Bild und Ton), die Alternativen zum passiven Sehen *en bloc* eröffnen. Mit der Erfindung der **DVD** erfolgte eine nochmalige Steigerung der Versatilität. Schärferes Bild, klarerer

Ton, höhere Speicherkapazität, gleich bleibende Abspielqualität, verschiedene Sprachversionen, einblendbare Untertitel, direkter Szenezugriff und zusätzliche Hintergrundinformationen erweitern das methodische Handlungsinventar der Lehrkraft (Thaler 2001).

Die zunehmende Infiltration aller Lebensbereiche durch massenmediale ***popular culture*** wurde auch von verschiedenen wissenschaftlichen Disziplinen verstärkt zur Kenntnis genommen. Im fremdsprachendidaktischen Feld ließen die Konzepte von ***media literacy*** und ***intercultural learning*** auch originalsprachliche Spielfilme mit ihren kinematografischen Techniken und der Darstellung fremder Lebenswelten verstärkt ins Blickfeld rücken.

Filme im EU (noch) nicht selbstverständlich

Ungeachtet der zunehmenden wissenschaftlichen Auseinandersetzung mit populärkulturellen Produkten, der wachsenden **Akzeptanz** von Film und Video in der fachdidaktischen Literatur (z. B. Stempleski/Tomalin 2001; Thaler 2003; Surkamp 2004) und der ungebrochenen **Popularität** von Filmen bei Jugendlichen fristen diese in der **unterrichtlichen Praxis** jedoch immer noch ein eher vernachlässigtes Dasein.

Begriff

Film Based Language Learning verwendet als **Unterrichtsgegenstand** ein filmisches Produkt – *in toto* oder in Ausschnitten. Oder es wird in einem **prozessorientierten Verfahren** selbst ein Film erstellt.

Ziele

großes Motivationspotenzial

Die Popularität von Filmen bei der jugendlichen TV-, Video- und Kino-Generation verhilft ihrem unterrichtlichen Einsatz zu einem hohen **Motivationswert**. „Video is today's medium" (Sherman 2003, 2). Getreu Andy Warhols berühmtem Konditionalsatz „If it moves they will watch it" geht von bewegten Bildern eine große Anziehungskraft aus. Diese können und wollen um ihrer selbst willen betrachtet werden. „People want access to the world of English-language media: they want to be able to view the news, get information from advertisements, see a film – in short, to use these language products like normal consumers" (ib.). Deshalb sollte den Lernenden einer Fremdsprache ein Vorgeschmack und eine Vorbereitung auf diese medial vermittelten Ausschnitte zielsprachiger Realität nicht verwehrt werden.

Die bewusste Begegnung mit authentischen Filmbeispielen vermag aber auch die **Sprachlernprozesse** der SchülerInnen zu fördern. „The eye is caught, and this excites interest in the meaning of the words. Authenticity itself is an inducement – there is a special thrill in being able to understand and enjoy the real thing" (SHERMAN 2003, 2). So kann die sprachliche Kompetenz im rezeptiven und produktiven Bereich durch den Umgang mit anglophonen Medienprodukten verbessert werden. Alle vier ***basic skills*** und Systeme sprachlicher Kodierung (**Lexis, Grammatik, Pragmatik**) werden trainiert. Insbesondere eignen sich Filme aber für das **Verstehen** der gesprochenen Sprache und die einübende Verwendung dieser, denn sie eröffnen ein großes aktuelles Sprachreservoir unterschiedlicher Akzente, Regiolekte, Dialekte, Idiolekte mit verschiedenen Stimmen in unterschiedlichsten Situationen, bei Einbettung in einen situativ-sozialen Kontext und abgefedert durch paralinguistische Interpretationsstützen (*listening with one's eyes*, z. B. Achselzucken bei *I couldn't care less*). „Language learners to some extent view life (and film) upside down. Expert speakers make use of the language to understand the action; learners frequently have to use the action to understand the language" (SHERMAN 2001, 13). Die interaktiv-kolloquiale Sprachverwendung wird im Klassenzimmer oft vernachlässigt, weil sie schwierig zu erwerben ist – für Lernende, aber auch für Lehrende, denen es als *non-native speakers* schwerfällt, natürlich-gesprochenes Englisch zu verwenden und auf Sprechakte der SchülerInnen metasprachlich-idiomatisch zu reagieren (z. B. *take me through that again*). Dabei gehört *interaction* – neben *production*, *reception* und *mediation* – zu den vier Zielbereichen des *European Language Framework*. Um die produktive Interaktion zu ermöglichen, müssen zunächst die rezeptiven Grundlagen geschaffen werden. „To learn to speak to people they must see and hear people speaking to each other" (SHERMAN 2003, 14). Das **Seh-Verstehen** – als fünfte Fertigkeit – ist nicht nur für das Sprachverstehen wichtig, sondern auch für die Förderung der individuellen Sprechlust und Sprechfähigkeit.

Förderung basaler Sprachkompetenzen

Interaktion

Textproduktion

Auf der **produktiven Ebene** können audio-visuelle Medien zur Erstellung verschiedenartiger mündlicher und schriftlicher Texte dienen. Sie fungieren als Stimulus und Input für Diskussionen, schriftliche Aufträge und längerfristige Projekte. Wenn die SchülerInnen über eigene Gefühle und Meinungen sprechen oder schreiben können, steigt die Mitteilungsbereitschaft und sprachliche Produktion.

Als „moving picture book" (SHERMAN 2003, 3) leisten Filme mehr als manche Bildwörterbücher oder Magazine, indem sie den Zugang zu unterschiedlichsten Personen, Orten, Ereignissen und Themen eröffnen, mit denen man sich fremdsprachlich auseinandersetzen kann. In ihrer Funktion als Fenster zu englischsprachigen Kulturen vermögen sie **interkulturelles Lernen** auszulösen und *cross-cultural awareness* aufzubauen.

interkulturelles Lernen

Neben landeskundlich-interkulturellen Inhalten ermöglichen die vielfältigen Verbindungen zwischen der Filmindustrie und dem literarischen Schaffen lohnenswerte **literatur- (und film-)wissenschaftliche Zugänge**. Ob *film on book*, i. e. die filmische Adaption literarischer Vorlagen, oder *book on film*, i. e. die (ästhetisch oft weniger ambitionierte) schriftliche Fassung eines Films – die Möglichkeiten vergleichender Analyse sind zahlreich.

vom Buch zum Film und vice versa

Schließlich bietet es sich an, die formalen, funktionalen und ästhetischen Kategorien medialer Textformate im Sinne von ***film literacy*** zu erschließen. Eine objektive Analyse kinematografischer Techniken, die kritische Reflexion ihrer Verwendungsweisen und die handlungsorientierte Produktion filmischer Produkte sollen zum Ziel der Medienkompetenz führen (THALER 1999, 65 ff.).

Unterrichtsgestaltung

Man sollte sich nicht auf Spielfilme beschränken, sondern verschiedene **Arten von Filmen** berücksichtigen:

mögliche Filmarten

- *feature films*
- *drama series*
- *sitcoms*
- *soap operas*
- *comedy sketches*
- *documentaries*
- *TV news*
- *educational films*
- *live coverage of national events*
- *speeches*
- *weather reports*
- *commercials*
- *sports programmes*
- *interviews*
- *talk shows*
- *game shows*
- *music videos*

Hinsichtlich der **Präsentationsformen** dieser unterschiedlichen Formate stehen basal **vier** Möglichkeiten zur Verfügung (THALER 2000, 14):

4 Präsentationsformen

- **Block-Präsentation:** Vorführung des gesamten Films und Sehen an einem Stück ohne Unterbrechung

- **Intervall-Präsentation**: Unterteilung des Films in einzelne Sequenzen und sukzessives Sehen in mehreren Stunden
- **Sandwich-Präsentation**: Vorführung ausgewählter Sequenzen und Überspringen anderer Teile, deren Inhalt verbalisiert wird
- **Segment-Präsentation**: Vorführung und Bearbeitung nur einer Szene oder Sequenz (z. B. Eröffnungsszene)

Nach der Entscheidung für eine bestimmte Präsentationsform stellt sich die Frage, wie der Film technisch dargeboten wird. Digitales Equipment ermöglicht fünfzehn grundlegende **DVD-Techniken**, die ihrerseits spezifische Bearbeitungsmöglichkeiten eröffnen. In der folgenden Tabelle ist neben der Erklärung der Technik jeweils eine Aufgabe angegeben, um das methodische Potenzial der Vorführtechnik exemplarisch anzudeuten.

DVD-Sprachlern-Techniken

DVD-Technik	Beschreibung	Aufgabe (Beispiel)
normal viewing	*sound on, vision on*: Der Film wird im normalen Modus mit Bild und Ton präsentiert.	SchülerInnen müssen vor dem Sehen Verständnisfragen beantworten und nachher vergleichen (*upside down comprehension*).
silent viewing	*sound off, vision on*: Der Ton wird stumm geschaltet, so dass die SchülerInnen nur die Bilder sehen.	SchülerInnen müssen anhand von Handlung und Schauplatz die gesprochenen Dialoge erraten.
blind listening	*sound on, vision off*: Der Monitor wird verdunkelt, so dass die SchülerInnen nur die Tonspur hören.	SchülerInnen erstellen aufgrund des Gehörten eine Liste von Personen und Gegenständen, die im Bild zu erwarten sind.
freeze frame	*still, pause*: Die Pause-Taste wird gedrückt, und die SchülerInnen sehen ein Standbild.	SchülerInnen müssen von den eingefrorenen Gesten der Darsteller auf deren Gedanken und Gefühle rückschließen.
split viewing	*half and half*: Eine Gruppe (*viewers*) sieht das Video, hört aber nicht den Ton; die andere Gruppe (*listeners*) hört den Ton, sieht aber das Video nicht.	SchülerInnen rekonstruieren im Partnergespräch die auditiv-visuelle Gesamtsituation.

DVD-Technik	Beschreibung	Aufgabe (Beispiel)
jumbled sequence	*mixed order*: Verschiedene Sequenzen werden in falscher chronologischer Reihenfolge gezeigt.	SchülerInnen stellen die richtige Reihenfolge her und begründen die Zusammenhänge.
fast forward	Der Film wird im schnellen Vorlauf präsentiert.	SchülerInnen geben ein mündliches *summary* der Handlung.
rewind	Der Film wird im Rücklauf gezeigt.	SchülerInnen versuchen, die Vorgeschichte zu erhellen.
slow motion	Eine Szene wird in Zeitlupe vorgeführt.	SchülerInnen analysieren Charakterkonstellationen, Kameraperspektiven, Beleuchtung, Mimik, Gestik.
English subtitles & English soundtrack	Hörverstehen (und Leseverstehen) werden durch englische Untertitel unterstützt.	SchülerInnen sehen den ganzen (schwierigen) Film mit englischen Untertiteln.
German subtitles & English soundtrack	Englischer Originalton und deutsche Untertitel werden (mit Hilfe der Pause-Taste) verglichen.	SchülerInnen erstellen zu einer Szene die deutsche Synchronisation und vergleichen sie anschließend mit der auf der DVD.
English subtitles & German soundtrack	Deutsche Synchronisation und englische Untertitel werden verglichen.	SchülerInnen betreiben an sprachlich-idiomatisch ergiebigen Szenen kontrastive Analyse.
silent subtitles	*sound off, subtitles on*: Bild und Untertitel werden ohne Ton betrachtet.	Nach Drücken der Pausetaste lesen die SchülerInnen die englischen Untertitel mit verteilten Rollen und vergleichen anschließend mit der Originalsprache.
dubbing	Die deutschen Untertitel werden zwecks anschließender Synchronisationsarbeit gezeigt.	SchülerInnen erstellen von einer Szene eine englische Synchronisation der deutschen Sprachversion und vergleichen sie mit der vorhandenen.

DVD-Sprachlern-Techniken

DVD-Technik	Beschreibung	Aufgabe (Beispiel)
bonus tracks	Die Zusatzinformationen (*trailer, cast, interviews, commentary, background information* etc.) werden erarbeitet.	SchülerInnen vergleichen den Audiokommentar des Regisseurs zu einer Szene mit ihrer eigenen Interpretation.

Aufgaben/Übungen

Was konkrete **Aufgaben** und Übungen angeht, gibt es inzwischen mehrere hilfreiche Anleitungen mit einer Vielzahl von *activities*. STEMPLESKI/TOMALIN (2001) ordnen diese in:

- *About film:* Hintergründe der Filmindustrie
- *Film clips:* Arbeit mit einzelnen Sequenzen
- *Film-related materials:* Erstellung filmischer Nebenprodukte
- *Whole films:* Reaktionen auf ganze Filme
- *Comparisons:* Vergleich zwischen verschiedenen Elementen eines Films, zwischen verschiedenen Versionen eines Films, zwischen filmbezogenen Materialien
- *Characters:* Konzentration auf Personen
- *Project work:* zeit- und materialaufwändigere Projekte

Mit seinem filmanalytischen Projekt zu STEVEN SPIELBERGS *Schindler's List* schlägt SCHNEIDER (2000) eine ziemlich vorstrukturierte Unterrichtssequenz vor. Einige offenere Elemente finden sich in der Vorbereitungsphase (Planungsgespräch, außerschulische Gruppenarbeit mit Sichtung des Films unter vereinbarten inhaltlichen, filmspezifischen und ethisch-sozialen Zielsetzungen sowie folgender Präsentation und Begründung im Unterricht) und der Erarbeitungs- und Bewertungsphase (Evaluationstagebuch, Transformation einer narrativen Vorlage in eine Dialogsequenz: *creative teamwork*).

Eine Zusammenstellung **offener Unterrichtsverfahren**, die auf Schülernähe, Kooperation, Interaktion und Ganzheitlichkeit abzielen und oft spielerisch angelegt sind, schließt sich unten an (u.a. WEISSLING/YAREHAM 2001; STEMPLESKI/TOMALIN 2001):

Offene Verfahren: „Film Based Language Learning"

Verfahren	Beschreibung
Adapting literature	SchülerInnen entwerfen auf der Basis eines literarischen Textes ein *storyboard* oder *film script*.
Asking the director	Nachdem ein Ausschnitt gezeigt wurde, notieren sich SchülerInnen *Why questions* an den Regisseur. Beim zweiten Vorspielen mit dem *voice over commentary* des Regisseurs (DVD) konzentriert man sich individuell auf passende Antworten.
Associations	Vor dem Sehen geben SchülerInnen ihre Assoziationen zum Titel oder Thema des Films wieder.
Brainstorming	Nach dem Film rufen die SchülerInnen alle Einfälle zum Film heraus, ein Schüler macht eine Stichwortsammlung an der Tafel, die nachher strukturiert und diskutiert wird.
Dear star	SchülerInnen schreiben einen Brief an eine/n ausgewählte/n SchauspielerIn.
Debate	Eine im Film(ausschnitt) thematisierte Kontroverse dient als Thema (*proposition, motion*) für eine Debatte.
Drawing	SchülerInnen setzen ihre Eindrücke in Zeichnungen um, die später als Gesprächsgrundlage dienen.
Film dice	Großer Würfel mit sechs allgemeinen Aussageanfängen auf den Außenflächen (*I liked …, I disliked …, I didn't understand …, It surprised me …, The best thing …, The strangest thing …*) dient als Auslöser für persönliche Stellungnahmen.
Film domino	Ein Schüler schreibt ein *key word* des Films an die Tafel, die anderen müssen weitere filmbezogene Wörter dominoartig anfügen.
Film projects	In Gruppenarbeit werden Filmprojekte entwickelt, z. B. *film treatment* (aufgrund bestimmter *settings/characters*), *film guides*, *film journals*, *movie magazine*, *trailer*, *script*; ein(e) Film/Szene wird gedreht.
Film response journal	SchülerInnen führen ein Büchlein, in das sie ihre Reaktionen zu einem (außerhalb der Schule gesehenen) Film eintragen.
Going beyond the limits	SchülerInnen betrachten einen Ausschnitt und versuchen, plausible Vorgeschichten und Fortsetzungen zu entwickeln.
Hidden meaning	SchülerInnen diskutieren den Subtext einer Szene (nonverbal-paralinguistisch vermittelte, versteckte Bedeutung einer Szene).

Offene Verfahren: „Film Based Language Learning"

Verfahren	Beschreibung
Intelligent guessing dictation	Bei einer *silent viewing* Sequenz sollen die SchülerInnen zunächst 10 Wörter benennen, die vorkommen könnten; danach werden Lücken im *transcript* erraten (*silent viewing* Modus); anschließend werden bei *normal viewing* die Lücken vervollständigt.
Interview	SchülerInnen arbeiten offene Fragen zum Film aus, die anschließend einem Partner gestellt werden. Mit einem Kassettenrekorder kann man die Interviews aufnehmen und auswerten.
Lie detector test	Der Lehrer (ein Schüler) fasst die Handlung zusammen und streut bewusst Fehler ein. Die Zuhörer machen schriftliche Aufzeichnungen oder melden sich durch ein kräftiges *lie*, sobald sie einen Fehler erkennen, und korrigieren die Aussage. Offenere Variante: SchülerInnen (in Gruppen) erfinden ihr eigenes Lügenmärchen.
Listen to the soundtrack	Nach dem Hören der Titelmusik stellen die SchülerInnen Spekulationen über den Filminhalt an.
Making comparisons	SchülerInnen vergleichen literarische Vorlage mit Filmadaption, oder zwei Filmkritiken zum selben Film, oder verschiedene Trailer, oder Untertitel mit Dialog, oder Originalstimme mit Synchronisation, oder Original mit Remake.
Moving the goal posts	SchülerInnen setzen sich mit hypothetischen Fragen auseinander: *What would happen if (characters/time/place ...) were different?*
My favourite scene	SchülerInnen beschreiben *setting*, *characters* und *plot* in ihrer Lieblingsszene.
Open ending	SchülerInnen entwickeln bei einem offenen Schluss die *story after the story*. Variante: Beim eingefrorenen Schlussbild darf jeder Darsteller-Schüler die *famous last words* sprechen.
Plus – minus – evaluation	SchülerInnen schreiben negative Urteile auf die linke, positive auf die rechte Tafelseite; die Bewertungen werden diskutiert.
Predicting the opening scene	Anhand von Videohülle/Poster/Werbefoto entwerfen die SchülerInnen die Eröffnungsszene des Films.
Press conference	In einem Rollenspiel wird eine Pressekonferenz mit Schauspielern und Reportern simuliert.

Verfahren	Beschreibung
Question pot	Vor dem Film muss jeder Schüler aus einem Topf einen Fragezettel ziehen, den er nach dem Film beantworten muss.
Questionaire	Nach dem Ende des Films wird ein Fragebogen zunächst in Partnerarbeit ausgefüllt und dann gemeinsam ausgewertet.
Quiz	Zwei Gruppen arbeiten Fragen aus, die danach der anderen Gruppe gestellt werden.
Remake	SchülerInnen entwickeln einen Plan für ein Remake eines bekannten Films.
Reverse prediction	Bei einem *end-of-sequence*-Standbild erraten SchülerInnen die Vorgeschichte.
Review	SchülerInnen schreiben eine persönliche Filmkritik (und veröffentlichen sie im Internet).
Silent impulse	Elemente aus dem Film werden auf Plakat/Folie gemalt/kopiert, auf ein Bildteil wird wortlos gezeigt, und die SchülerInnen beschreiben die Rolle dieses Gegenstands im Film.
Task dice	Es wird reihum gewürfelt, und je nach Augenzahl wird eine von sechs Aufgaben erfüllt (Zusammenfassung, Beschreibung, Zitat, Nachahmung, Pantomime, Zeichnen). Variante: Fragetopfwürfeln (sechs Stöße mit Fragekärtchen zum Film).
The story within the story	Paare entwickeln die Lebensgeschichte einer Nebenfigur im Film.
Ticket vote	Mit Hilfe von Eintrittskarten, die nach dem Film in drei Schachteln (*good – well, yes – bad*) geworfen werden, stimmen die SchülerInnen über einen Film ab, was die Grundlage für eine Diskussion darstellt.
What's it all about?	Auf der Basis eines Standbildes entwerfen die SchülerInnen ein *film script*.
Wishing you were there	Gruppen erhalten vom Lehrer eine Person des Films zugeteilt, aus deren Perspektive sie später den Film(ausschnitt) beschreiben.

Die wohl umfassendste Zusammenstellung von – offenen und geschlossenen – Unterrichtstechniken und -verfahren mit Videomaterial liefert Sherman mit 153 *activities* von A wie *Accents* bis zu Y wie *Your movie* (2003, 123–271). Die einzelnen Aufgaben, die sich in ihrem Öffnungspotenzial recht unterschiedlich zeigen, sind aufgrund präziser Angaben zu Zielsetzung, Sprachniveau, Begründung, Material, Vorbereitung, Ablauf, Varianten und Beispielen sehr benutzerfreundlich dargestellt.

Ergebnisse

viele Vorschläge, wenig Empirie

Während es an **Unterrichtsvorschlägen** inzwischen eine passable Anzahl nachahmenswerter Beispiele gibt, findet man kaum **empirisch** fundiert getestete Modelle.

Eine nachahmenswerte Idee praktizierte DOYE (1998) bei seinen Lernenden. Es wurden Filme zum **Selbststudium** empfohlen, wobei zusätzliche Zeit im Klassenzimmer für *peer recommendations* zur Verfügung stand. Mit dem Filmempfehlungs-Miniprojekt (Hinführung, Begründung, Präsentation eines kurzen Ausschnitts, Ausprobieren zu Hause und schriftliches Feedback) konnten frustrierend-demotivierende Erlebnisse aufgrund von Verständnisproblemen häufig zu einem lohnenswerten und vergnüglichen Lernerlebnis werden. Als sehr hilfreich erwiesen sich unterstützende Anleitungen zur Auswahl nicht zu schwieriger Filme, die Reduzierung der Anspruchshaltung (*listening for gist* statt Alles-Verstehen-Wollen) und die Vermittlung von Selbstlernstrategien.

Einen ähnlichen Weg beschritt HOLDEN (2000), der seine Lernenden aufforderte, zwei Filme pro Monat außerhalb des Klassenzimmers zu sehen und ein ***film response journal*** zu führen. Bei dem mehrschrittigen Verfahren wurde außerschulische Arbeit und Klassenarbeit integriert: *preview, view, recall, recount, record, rewind and replay, review, report*. Das Echo auf das extensive außerschulische Sehen/Hören war recht positiv: Die Hör-Hausaufgaben wurden gerne erledigt, das Hörverständnis verbesserte sich, und der realistische und unterhaltsame sprachlich-kulturelle Input wurde allgemein genossen.

Dass Spielfilme bei passender Thematik und unter Verzicht auf Vollverstehen auch bereits in den **unteren Jahrgangsstufen** mit Gewinn eingesetzt werden können, durfte TURNER-HILL (2004) erfahren. Sie wählte ROALD DAHLS *James and the Giant Peach* für eine 6. Klasse Realschule, führte die Charaktere vorher mit Hilfe von Realia, *flashcards* und einer Mini-Story ein, zeigte danach den 75-minütigen Film (vermutlich) ohne Unterbrechung und ließ die SchülerInnen anschließend ein Poster entwerfen. „The class enjoyed watching the film without exception" (ib., 94); die konzentrierte künstlerische Arbeit lieferte recht kreative Ergebnisse, auf sprachliche Nachbearbeitung wurde allerdings weitgehend verzichtet.

Beurteilung

attraktive Ressourcen für das Sprachlernen

Der **Wert** von Filmen als **Sprachlernressource** ist unbestritten: Motivation, Popularität, Stimulans, Authentizität, Variierungsbreite, Referenzrahmen, Kulturalität, Affektivität, *world outside the classroom*. Ein Film kann sowohl fungieren als Informationstext (Sprechen und Schreiben über den Film) wie auch als Instrumentaltext (Sprachlernen mit dem Film) (LIEBELT 1989, 251). Inzwischen sind auch logistische Barrieren überwunden: Die Distributionswege sind gut entwickelt (Satelliten-Fernsehen, Internet, Kauf- oder Leih-Videos/DVDs in vielen Geschäften), der Vorrat ist enorm, Videos und DVDs relativ preisgünstig erhältlich, wobei das Sortiment permanent erweitert und aktualisiert wird. „Video is a wonderful resource for opening up the English-language world and can be used with great pleasure and profit – and very little sweat" (SHERMAN 2003, 1).

zu überwindende Hürden

Das letzte Element dieser Aufzählung (nach dem Gedankenstrich) darf aber in Frage gestellt werden. Ein erstes, großes **Problem** liegt im Bereich des **(Hör-)Verstehens.** „Watching drama that you don't understand is a very negative experience" (SHERMAN 2003, 15). Der Verfasser erinnert sich mit Grausen an den ersten Videofilm in englischer Originalsprache, bei dem er fast nichts verstand. Um die Frustrations- (und Abschalt-)schwelle nicht zu überschreiten, sind eine sorgfältig auf das Lernniveau abgestimmte Filmauswahl (z. B. einfache *plots* mit vielen Wort-Bild-Kongruenzen und langsamer, deutlicher Standard-Aussprache für mittlere Niveaus), erleichternde Präsentationsformen (z. B. Segmentverfahren, Wiederholung, Pointierung) und entlastende Aktivitäten (z. B. lexikalische Vorbereitung oder antizipatorische Sensibilisierung) erforderlich. Auch die überzogene Erwartungshaltung, einen Film in seiner Gesamtheit verstehen zu müssen, bedarf einer realitätsnahen Korrektur. „Es gilt, den Mittelweg zu finden zwischen einem passiven, nur konsumierenden Sehen und einem alles hundertprozentig Verstehenwollen" (LIEBELT 1989, 251 f.).

Umgang mit Untertiteln

Auch **Untertitel**, die bei einer DVD zum Standard gehören, können das Verständnis enorm erleichtern. Allerdings darf man die Augen nicht davor verschließen „that the eye is more powerful than the ear" (SHERMAN 2003, 16). Wenn der Rezipient sowohl hören als auch lesen soll, wird er dem Lesen (der Untertitel) den Vorzug geben.

Zeitproblematik

Ein weiteres Problem neben dem Hörverstehen stellt die **Länge** eines Films dar. Filme sind lang, Unterrichtsstunden aber kurz. Und eine Filmstunde darf im Regelfall nicht nur aus der Präsentation und dem passiven Konsum eines Films bestehen. Filmzeit-sparende Präsentationsformen

(Segment- und Sandwichverfahren) und die Ermunterung der Lernenden zum unabhängigen Filmstudium mögen hier wertvolle Dienste leisten.

Welche Filme

Von wesentlicher Bedeutung ist die **Selektion** des Films. Neben qualitativen, sprachpraktischen, kulturkundlichen und kinematografischen Kriterien sollten vor allem die Vorlieben der SchülerInnen berücksichtigt werden. Ihnen ist eine gehörige Portion Mitbestimmung bei der Auswahl einzuräumen.

Bei der Auswahl der Sequenzen eines Films stehen der Lehrkraft viele Optionen offen. Wie oft eine Szene dann wiederholt gezeigt wird, kann je nach Auffassungsvermögen, Zeit und Schwerpunktsetzung recht unterschiedlich sein. Das breite Reservoir an Wortfeldern, Sprachstrukturen und Sprechakten in einem Film eröffnet auch einen großen Spielraum für lexikalische, grammatikalische und kommunikative **Spracharbeit**. Die einzelnen **Aufgaben** sollten dabei nicht wahllos einem Film übergestülpt werden, sondern sich aus dem spezifischen Charakter des Films natürlich ergeben. Bei der konkreten Durchführung einer Aufgabe oder Übung hat sich gezeigt, dass Lernende diese besser erledigen, wenn sie zuvor im Sinne von ***modeling*** ein Beispiel davon erlebt haben.

Aufgaben zur Spracharbeit

Die Kunst bei *Film Based Language Learning* liegt darin, ein angemessenes **Gleichgewicht** zwischen **Spracharbeit** und **Unterhaltung** zu finden. Deshalb sollte sich die Wiederholung ein und derselben Szene oder die Betätigung der Pause-Taste in erträglichen Grenzen halten. Auch wenn ein Film zu umfassender Ausbeutung verlockt – die inflationäre Verwendung von *Worksheets* zu Inhalt, Wortschatz und Grammatik analysiert den Film zu Tode und bewirkt nicht, dass SchülerInnen offen bleiben oder werden für gute Filme. – Wie ist aber das andere Extrem, die *en-bloc*-Präsentation, zu bewerten? Natürlich widerstrebt es fachdidaktischem Bemühen um Struktur und Effizienz, einen Film ohne Vorbereitung und ohne *follow-up activities* zum passiven Konsumieren freizugeben. Dieser Rezeptionsmodus entspricht allerdings dem natürlichen Sehverhalten in der außerschulischen Medienwirklichkeit. Eine behutsame arbeitsteilige Vergabe einiger Beobachtungsaufträge an Paare oder Gruppen vor dem Sehen des (neuesten) Films (im städtischen Fremdsprachen-Kino) mit einstündiger Besprechung am folgenden Tag hat sich als lohnenswertes Vorgehen erwiesen.

Balance von Arbeit und Spaß

13 *Internet Based Language Learning*

Hintergrund

The web is more a social creation than a technical one.
Tim Berners Lee

Das Internet hat den Trend unserer post-industriellen Dienstleistungsgesellschaft hin zu einer Informations-, Wissens- und Kommunikationsgesellschaft verstärkt. Seine **historische Entwicklung** ist inzwischen recht gut dokumentiert (u. a. ZEHNDER 2000).

3 Phasen von CALL

Unter fremdsprachendidaktischer Perspektive ist die **Dreiphasen-Entwicklung** von **CALL** (***Computer Assisted Language Learning***) erwähnenswert, welche die Verwendung des Computers beim Fremdsprachenlernen in eine behavioristische, eine kommunikative und eine integrative Phase einteilt (WARSCHAUER/HEALEY 1998). In eine ähnliche Richtung geht die ebenfalls chronologisch orientierte Dreiteilung des Sprachlernens in eine strukturelle, kognitive und sozio-kognitive Perspektive, wobei parallele technologische Entwicklungen – vom Großrechner über den *Personal Computer* hin zum Netzwerk-Computer – in entsprechenden CALL-Metaphern reflektiert werden: vom *computer-as-tutor* über den *computer-as-pupil* zum *computer-as-tool* (WARSCHAUER/KERN 2000, 2 ff.). Das Internet erlaubt es nun, den Fokus von der Interaktion mit dem *Computer* auf die Interaktion mit *Menschen* via Computer zu legen – zum Zwecke bedeutungsvoll-inhaltsorientierter Interaktion.

Begriff

Internet Based Language Learning soll hier als Oberbegriff für verschiedene Ansätze verstanden werden, welche das Internet als Basis, Medium und/oder Objekt des Lernens von Fremdsprachen verwenden.

Ziele

Ein Streifzug durch die einschlägige Literatur (z. B. WARSCHAUER/KERN 2000; KALLENBACH/RITTER 2000, 12 ff.) fördert immer wieder dieselben Ziele – wenn auch unter verschiedenen Formulierungen – zutage:

Ziele des „Internet Based Language Learning"

Intention	Begründung
Förderung sprachlicher Kommunikationsfähigkeit	• Authentizität der Lernumgebung • Förderung stilistischer Sensibilität durch handlungsorientiertes Lernen in realitätsnahen Situationen • Steigerung von Schreibmotivation und Schreiberfolg durch adressatenorientiertes Schreiben • Förderung der mündlichen Ausdrucksfähigkeit durch „sprechnahen" Schreibstil • Verwendung von Kommunikations-Tools (E-Mail etc.) für menschliche Interaktion
Nutzbarmachung eines Informationspools	• Immenses, täglich wachsendes Arsenal an Informationen • Authentizität des Materials • Aktualität der Informationen • Einladung zur Recherche
Intensivierung interkulturellen Lernens	• Realitätsnaher, schülerorientierter Landeskundeunterricht • Einbeziehung persönlicher Interessen • spielerische Erweiterung des Wissens über andere Länder • Einblick in die Tiefenstruktur einer Landeskultur • Virtuelle Kontakte mit Partnerkulturen
Steigerung der Lernmotivation	• Novitätseffekt und Multimedialität • neue Präsentations- und Übungsmöglichkeiten • selbstständige Selektion und Sequenzierung von Informationen durch Hypertextstruktur • entdeckendes Hot-Spot-Lernen • haptische Momente
Stärkung personaler Kompetenzen	• Neue Modi des Ausdrucks und der Selbstdarstellung • mehr Mut durch Anonymität und Distanz des Kontakts • Ermutigung zurückhaltender SchülerInnen • Stärkung der Autonomie • Förderung sozialen Lernens
Erweiterung der Medienkompetenz	• Strategien der Informationsbeschaffung und -evaluation • technische, kulturelle, soziale, reflexive Kompetenzen • Medien-Kunde, Medien-Nutzung, Medien-Gestaltung und Medien-Kritik
Festigung von Lernstrategien	• spracherwerbsbezogene Strategien (z. B. Benutzung eines elektronischen Wörterbuchs) • fertigkeitsbezogene Strategien (z. B. *scanning*) • kommunikationsbezogene Strategien (z. B. *email netiquette*) • sprachreflexionsbezogene Strategien (z. B. Benutzung von online-Korpora) • lernbezogene Strategien (z. B. surf-vermeidende Zielgerichtetheit) • soziale Strategien (z. B. Kontakt zu *native speakers*)

Intention	Begründung
Berücksichtigung der Handlungsorientierung	• Ganzheitliche Ansätze • Möglichkeiten spielerischen Lernens • Orientierung an konkretem Arbeitsresultat
Prozessorientiertes Lernen	• Sichtbarmachung von Zwischenschritten • *trial and error* • schülerinitiierte Richtungsänderungen
Erweiterung des Methodenspielraums	• Partner- und Gruppenarbeit • Freiarbeit und Projektunterricht • neue Formen der Informationsgewinnung, -verarbeitung und -präsentation • neue Kommunikationsverfahren

Unterrichtsgestaltung

Die wichtigsten **Anwendungen** des Internet sind:

- World Wide Web
- E-Mail
- Usenet
- File Transfer Protocol
- TELNET/Remote Login

Das World Wide Web, wenngleich es oft als Synonym zu Internet verwendet wird, stellt also nur *eine* Netzwerkform dar, allerdings die populärste. Zwei Aspekte der Internetnutzung erweisen sich für die Gestaltung des Unterrichtsdesigns als besonders relevant: das Schöpfen aus einem unendlichen Informationspool und der unmittelbare Informationsaustausch zwischen Menschen. Asynchrone, i. e. zeitversetzte Kommunikation lässt sich per E-Mail, Mailingliste, Bulletin Board oder Newsgroup abwickeln; synchrone, i. e. zeitgleiche Kommunikation wird durch Chat, IRC-Channels, MUD, MOO, Net-Meeting, Internet-Telefonie und Internet-Videokonferenz ermöglicht. Jede einzelne Anwendung eröffnet schon verschiedene unterrichtliche Realisierungsmuster; die Vielzahl der Applikationen lässt die **Bandbreite** bei der konkreten **unterrichtlichen Organisation** ins nahezu Unüberschaubare wachsen. Orientiert man sich an fünf wesentlichen Funktionen des Internet (**Information, Kommunikation, Präsentation, Tutor, Unterrichtsthema**), so könnte man einen groben Überblick über die wichtigsten Unterrichtsverfahren folgendermaßen darstellen:

unterrichtsrelevante Charakteristika der Internetnutzung

Unterrichtsverfahren: „Internet Based Language Learning"

Verfahren	Funktion	Struktur
1. Internet als Informationsmedium		
Web search	Recherche des Internets zum Auffinden, Bewerten, Präsentieren von Daten	Große Bandbreite der Ausgestaltung, weitgehend ungesteuerte Suche, große Freiheit der Lernenden
WebQuest	Erkundungs-orientierte Web-Aktivität mit dem Fokus auf der Verwendung der Informationen, nicht der zeitaufwändigen Suche nach Informationen – konzipiert 1995 von BERNIE DODGE (*http://webquest.sdsu.edu/*)	Gezielte, aufgabengesteuerte Heranführung an Web-Informationen, sechs Stufen: *1) introduction* *2) task* *3) set of web sources* *4) description of process* *5) guidance on presentation* *6) conclusion*
Web-Unit	Mit Aufgaben versehene themenspezifische Unterrichtseinheiten, die sich inhaltlich auf die Units in den Lehrwerken beziehen bzw. sich an den Themen des Lehrplans orientieren	z. B. Cornelsens Web-Units (*www.cornelsen-teachweb.de*): Lehrer-Teil (Story-Line, didaktisch-methodische Hinweise, Möglichkeiten der Präsentation, Liste von URLs) und Schüler-Teil (Ablauf der Web-Unit mit zusätzlichen Worksheets)
2. Internet als Kommunikationsmedium		
E-Mail exchange	Asynchrone, schriftliche Form digitaler Kommunikation	Austausch zwischen Klassen (*class exchange*) oder zwei PartnerInnen (Tandem) in vielen Varianten: Projekttyp, Charakter der Korrespondenz, Thematik, Zeitrahmen, Phasen (NEFF 1999b)
Newsgroup, forum, bulletin board	Virtuelle Schwarze Bretter für globale asynchrone Interaktion	öffentliche und geschlossene Varianten: unüberschaubarer Teilnehmerkreis und nicht steuerbare Inhalte bei offenen Formen, *log files* für spätere Analyse

Verfahren	Funktion	Struktur
Chat	Synchrone, schriftliche Form der Kommunikation	leicht bedienbares *conferencing tool*, schneller, informeller, sprech-ähnlicher Schreibstil, Reflexionszeit schriftlicher Kommunikation, gleichzeitiges Gespräch mit mehreren Personen, private Themen, *multi-threaded discussion*, *emoticons*, Schließung der *channels* bei Nichtbenutzung
MOO	*Multi-User-Domain Object Oriented*: synchrone, schriftliche Kommunikation	*virtual reality*, Repräsentationen in Form von Figuren (Avatare), stets einsehbare Räume, komplexe Struktur
Video-conferencing	synchrone Kommunikation via Bild und Ton	Schulklassen aus verschiedenen Ländern sprechen miteinander, gleichzeitige Einblendung von Fenstern mit Bewegtbildern auf dem Monitor, Notwendigkeit zeitlicher Koordinierung, inhaltliche Vorbereitung auf die Sitzung
Audio-conferencing	synchrone Kommunikation via Ton	TeilnehmerInnen unterhalten sich mit Hilfe von *headsets*, Ähnlichkeit zum Telefonieren, cf. *videoconferencing*: ohne Bild
3. Internet als Präsentationsmedium		
Homepage	Erstellung einer Schul-, Klassen-, SchülerInnen-Homepage	Arbeitsgleiche oder arbeitsteilige Individual- oder Gruppenarbeit, Verwendung eines einfachen Homepage-Generators (z. B. *www.lo-net.de*)

Unterrichtsverfahren: „Internet Based Language Learning“

Verfahren	Funktion	Struktur
Hypertext-Project	Bearbeitung eines Themas mit dem Ziel der Präsentation der Ergebnisse in Form eines Hypertextes	Planung, Durchführung und Auswertung eines Projekts, Publikation des Projektresultats als Hypertext, Verwendung interner und externer Links, Details bei: BORRMANN/GERDZEN (1998), Projektbeispiele auf DONATHS Website (*http://www.englisch.schule.de/hyper.htm*)
Weblog (Blog)	Fortschreibung eines persönlichen Online-Tagebuchs	Webseite mit periodisch neuen Einträgen, Verarbeitung einer Surftour durch den Blogger (Surfer; Autor), Hypertext-Kommentare zu besuchten Sites, aktuelle, persönliche Art von Newsletter, Publikationsmöglichkeit auch für unerfahrene Nutzer (einfache Content Management Systeme)
4. Internet als Tutor		
Language practice	Mündliche und schriftliche Übungen zu den verschiedenen *language subsystems, skills* und *competences*	(meist geschlossene) Übungen zu Wortschatz, Grammatik, Aussprache, Hörverstehen, Leseverstehen (Sprechen, Schreiben)
5. Internet als Unterrichtsthema		
Discussing the web	Mündliche und schriftliche Analyse, Reflektion und Bewertung der Formen und Funktionen des Internets	Kommerzialisierung, Profitstreben, Hegemoniebestrebungen, Zugangskosten, Kriminalität, Pornographie, Zensur, Informationsfreiheit, Bildungs- und Berufschancen, offene Gesellschaft, wissenschaftliche Bedeutung, *information overload*, Reliabilität der Informationen, sozialer Klassenkonflikt *e-haves* vs *e-have-nots*

Die einzelnen Applikationen müssen nicht nur separat verwendet werden, sondern sind in unterschiedlichen Arrangements miteinander kombinierbar. Auch kann die Lehrkraft die Angebote des Internets mit dem konventionellen *face-to-face* des Präsenzunterrichts verbinden und damit diverse Ausprägungen von *blended learning* oder **hybridem Lernen** praktizieren.

Kombinierbarkeit der Unterrichtsverfahren

Ergebnisse

Inzwischen existiert eine Reihe punktueller Untersuchungen zu einzelnen Aspekten von *Internet Based Language Learning*. WARSCHAUER et al. (1996) verweisen auf mehrere Studien, die aufzeigen, dass der Gebrauch von *computer-mediated communication tools* beim Fremdsprachenlernen zu mehr von den SchülerInnen ausgehenden **Interaktionen**, einer auf der Zusammenarbeit zwischen den Lernenden basierenden sozialen Dynamik, mehr schülerzentrierten Diskussionen und einer Autoritätsverlagerung vom Lehrenden zu den Lernenden führt. Gestärktes **Selbstvertrauen**, insbesondere wenn man vom Gesprächspartner Zustimmung erfährt, wurde häufiger im Zusammenhang mit Computerkonferenzen beobachtet, in denen SchülerInnen – offensichtlich durch die Distanz ermutigt – sogar namhaften Experten gegenüber mehr Selbstbewusstsein an den Tag legten. Ein quantitativer Vergleich der **Schülerbeteiligung** bei *face-to-face* und Computer-unterstützter Diskussion brachte eine ausgewogenere Partizipation zwischen SchülerInnen und zwischen Lehrkraft und SchülerInnen bei der *networking method* zu Tage (WARSCHAUER et al. 1996).

positive Auswirkungen auf: Lernerinteraktion, Selbstvertrauen, Partizipation,

Aus einigen Studien geht auch hervor, dass sich nicht nur die **Schreibmotivation**, sondern auch der **Schreiberfolg intensiviert**, wenn SchülerInnen ihre Gedanken mit einem weit entfernten Partner austauschen (z. B. COHEN/RIEL 1989). Bei E-Mail-Projekten war zu beobachten, dass zurückhaltende SchülerInnen durchaus gern und viel schreiben und dass dies auch das unterrichtliche Sprechen, ihr Verhalten in mündlichen Diskussionen beeinflusst (HOFMANN 1997, 380 ff.).

Schreiberfolg, mündliche Kommunikation,

Dass sich der durch das Internet vermittelte Kontakt mit Angehörigen anderer Kulturen auf der ganzen Welt förderlich auf **interkulturelles Lernen** auswirkt, ist erwartungskonform. Der Wert derartiger Projekte findet sich vielfach dokumentiert (z. B. DONATH 1996).

interkulturelles Lernen,

Auch die positiven Konsequenzen für **affektive Faktoren** werden häufig konstatiert. „Pädagogen und Lehrer, die Kommunikationstechnologien bereits im Unterricht eingesetzt haben, berichten, dass ihre Schüler motivierter und konzentrierter bei der Sache sind und dass ihnen die Arbeit mit dem Computer außerdem Spaß macht“ (NEFF 1999, 81). Über die **Effektivi-**

Motivation und Lernfreude

tät fremdsprachlichen Lernens ist damit natürlich noch keine Aussage getroffen. Als weitere Einschränkung zu positiven Resümees wie den oben angeführten ist außerdem darauf zu verweisen, dass es sich bei den Untersuchungen sehr häufig um (zeitlich/örtlich) beschränkte Projekte und persönliche Erfahrungsberichte handelt.

Beurteilung

Öffnung nach außen …

Das Internet sollte als methodisches Werkzeug betrachtet werden, das dem Fremdsprachenunterricht **neue Handlungsoptionen** eröffnet. Ganz deutlich zeigt sich die **Öffnung** des Klassenzimmers **nach außen**. Kommunikation in einem offenen Netz findet zwischen allen Teilnehmern im Idealfall ungehindert und über alle Grenzen hinweg statt, vorhandene Informationen stehen weltweit frei zur Verfügung – unter der Voraussetzung, dass der Lernende über einen leichten und preisgünstigen Internetzugang verfügt.

… und nach innen: lernerbezogen

Gleichzeitig findet durch *Internet Based Language Learning* eine **innere Öffnung** im methodischen und lernprozessualen Bereich statt. „Multimediale Projekte öffnen wie konventionelle Projektarbeit den Unterricht … Statt passiv einem Lehrervortrag zuzuhören, arbeiten die Schüler aktiv und zumeist in Partner- oder Gruppenarbeit" (Kohn 2003, 21). Der Zugang zu neuen Informationsfeldern, das Angebot neuer Kommunikationswege und die Möglichkeiten neuer Präsentationsformen erfordern neue Formen der Auseinandersetzung mit Unterrichtsinhalten, legen neue methodische Zugänge nahe und gewähren den SchülerInnen mehr Mitspracherechte durch neue Organisationsformen.

Modifikation der Lehrerrolle

All diese Tendenzen weisen hin auf eine Öffnung des Unterrichts und eine Verdrängung lehrerzentrierten Unterrichtens durch schülerzentriertes Lernen. Die **Lehrkraft** steigt herab vom *sage on the stage* zum *guide on the side*, der den entdeckend-experimentierend-konstruierenden Lerner als HelferIn, BeraterIn, OrganisatorIn und VermittlerIn von Lerntechniken unterstützt.

kritische Fragen

Die Offenheit des Internet wirft natürlich brisante **Fragen** auf: Führt *information overload* zu chronischer Informations-Bulimie? Glauben die ziellos Sammelnden an die Synonymität von Informationsbesitz und Wissenskonstruktion (*information is knowledge is wisdom*)? Lässt die Anstrengungsbereitschaft nach? Pendeln wir zwischen Daten-Müll und Daten-Overkill? Kaschiert multimediales Talmi substanzielle Leere? Wird die Grenze zwischen Plagiarismus und Originalität gänzlich aufgehoben? Ersetzt unkritische Gutgläubigkeit die seriöse Evaluation von Informationen? Trägt das Netz zur Erweiterung unserer intellektuellen und emotionalen

Identität bei oder eher zur Virtualisierung und Anonymisierung? Wird unsere Gesellschaft durch die permanente Mitregierung der Nutzer-Basis demokratisiert oder in zwei neue Klassen gespalten (Online-Oberschicht vs Internet-Analphabeten)?

Die Antworten auf diese Fragen schwanken zwischen technizistischer Fortschrittseuphorie und fundamentalistischem Kulturpessimismus. Um die **Effektivität** Internet-basierten Unterrichts zu erhöhen, empfiehlt sich die Einhaltung von vier Prinzipien:

Prinzipien internetbasierten Unterrichts

- Bestimmung eines klaren Lernziels
- Stellung einer präzisen Aufgabe
- Vorgabe eines verbindlichen Zeitrahmens
- Einfordern eines sichtbaren Ergebnisses

Schwierigkeiten sind natürlich auch bei gewissenhafter Befolgung dieser Leitlinien nicht auszuschließen. Einen selektiven Überblick darüber, welche **Probleme** auftreten und wie Lehrkräfte damit **umgehen** können, gibt folgende Tabelle.

Problempotenzial und Lösungen: „Internet Based Language Learning"

Probleme	Lösungsmöglichkeiten durch Lehrkraft
Eingeschränkte Hardware-Ausstattung an der Schule	• zwei SchülerInnen pro PC • Arbeitsteilung in *PC tasks* und *non-PC-tasks* • Internet-Aufträge als Hausaufgabe (falls heimischer Zugang vorhanden) • *fund-raising*-Initiative für *self-access room*
Mangelnde technisch-methodische Medienkompetenzen der SchülerInnen	• Einführende Stunden in die Internet-Arbeit • Üben von *trawling, skimming, scanning* • Arbeit mit *search engines* • Bewusstmachen des *information overload* • Exemplarische Evaluation der Reliabilität von *websites*
Zeitaufwändiges und ergebnisloses Surfen im Netz	• Einsatz von WebQuests oder Web-Units • Anwendung der Waldens *Paths*-Methode (http://www.csdl.tamu.edu/walden/), • Vorselektion der *websites* durch die Lehrkraft • präzise Arbeitsaufträge • Vorgabe von Zeitlimits • Anleitung durch *Worksheets* • Einfordern von Ergebnispräsentation(en) • sichtbare Dokumentation der Resultate • Weiterführung als Hausaufgabe

Problempotenzial und Lösungen: „Internet Based Language Learning“

Probleme	Lösungsmöglichkeiten durch Lehrkraft
Konflikt zwischen Zeitbedarf der Projekte und Erfüllung des Lehrplans	• Beschränkung auf 1–2 Projekte pro Schuljahr • Start mit Mini-Projekt • Ersatz verwandter Lehrbuch-Einheiten durch Internet-Projekte
Probleme bei E-Mail-Partnerschaften	• Befolgung der 10 Goldenen Regeln nach Reinhard Donath (*http://www.englisch.schule.de/email.htm*) • Lesen von Erfahrungsberichten (Ib.) • Durchführung erprobter und dokumentierter E-Mail-Projekte • Partner, Themen, Koordination, Zeitrahmen, Methoden: Donaths Website (vgl. oben)
Sprachliche Fehlerhaftigkeit der Texte	• Bewusstmachung von Authentizität • sprachliches Selbstbewusstsein wird erhöht, wenn andere auch Fehler machen • gemeinsame Analyse zwecks Förderung von *language awareness* • Editieren/Korrektur erstellter Texte
Ungesteuerte und unkontrollierte Interaktionen bei den *communication tools*	• Verwendung geschlossener *channels*/Foren • Vorgabe bestimmter Themen und Aufgaben • Analyse der Textproduktion (*log files* oder Speicherung der Chat-Dialoge vor Verlassen des Kanals) • Toleranz gegenüber neuen Schreib- bzw. Sprechstilen
Übergewicht des Formalen gegenüber dem Inhaltlichen bei Präsentation/Publikation	• Insistieren auf dem Prinzip *content is king* • Transparenz der Evaluation mittels eines differenzierten Bewertungsrasters • Gemeinsame Besprechung guter und schlechter Web-Auftritte

14 *Self-Access Language Learning*

Hintergrund

My education started the day I left school. Mark Twain

Die Verbreitung von *Self-Access Language Learning* (SALL) ist zunächst vor dem Hintergrund der sozio-politischen Umbruchphase im Europa der 60er Jahre zu sehen. Der Trend zu Individualisierung und **Autonomie** beinhaltete, persönliche Freiheiten zu stärken und die sozialen Gestaltungsmöglichkeiten des Einzelnen zu erhöhen.

Als Reaktion auf diese Tendenzen entwarf der Europarat 1971 das *Modern Languages Project*, das ursprünglich Erwachsenen die Möglichkeit lebenslangen Lernens eröffnen wollte. Eine Konsequenz dieses Projekts war die Gründung des **CRAPEL** (*Centre de Recherches et d'Applications en Langues*) an der Universität von Nancy in Frankreich. Diese Institution entwickelte Programme für das selbstgesteuerte Lernen von Erwachsenen, wobei einerseits das *learner training* und andererseits das Selbstlernzentrum im Doppelfokus lagen. CRAPEL und die University of Cambridge gehörten zu den ersten *self-access centres*, die Zugang zu einem vielfältigen Angebot an authentischen Materialien boten und mit ihrer Audio- und Video-Bibliothek gute Voraussetzungen für einen autonomen Spracherwerb fortgeschrittener Lerner schufen.

technische Voraussetzungen

Ohne die rasante **technologische Entwicklung** hätte dieses Prinzip natürlich nicht dergestalt realisiert werden können. Im Audio- und Video-Bereich wurden immer leistungsfähigere und zuverlässigere Systeme entwickelt, die sich für selbstgesteuertes Lernen eigneten. Die zunehmende Verbreitung des Computers sorgte später für einen weiteren Schub, wobei zunächst tutorielle Anwendungen entsprechend der ersten, behavioristischen Phase von CALL im Vordergrund standen.

Selbstlernen spart (Lehr-)Personal

Bei der Etablierung der neuen Selbstlerneinrichtungen spielten auch **ökonomische Erwägungen** seitens der Verwaltungsvertreter eine Rolle. Eine technologieintensive, aber personalsparende Lernsituation verhieß Kostenreduktion durch verminderte Kontaktzeiten zwischen den Lehrenden und den Lernenden. Vor allem im privaten Sektor drängten daraufhin immer mehr Fremdspracheninstitutionen auf den Markt und installierten Sprachzentren.

Begriff

Definition

Sheerin **definiert** *self-access* als „a way of describing materials that are designed and organized in such a way that students can select and work on tasks on their own" (1991, 143). Bestimmte Medien und Materialien werden also konzipiert und zur Verfügung gestellt, und den Lernenden wird die Freiheit der Auswahl und des Lernrhythmus gegeben.

Abgrenzungen

Zur Vermeidung von Missverständnissen scheint eine **Abgrenzung** gegenüber drei verwandten Ansätzen angebracht. *Self-access* ist kein Synonym von ***self-instruction***. Bei letzterem studieren die Lernenden die Sprache allein, ohne Unterstützung durch eine Lehrkraft, mit Hilfe von *teach-yourself materials*, in einem nicht institutionalisierten Kontext.

Das ***distance learning*** oder Fernlernen findet dagegen in einer institutionalisierten Form mit Beteiligung von (physisch abwesenden) Lehrkräften statt; die räumliche Distanz zwischen Lehrinstitution einerseits und Lernendem andererseits ist hier konstitutiv, und die Praxis hat die Notwendigkeit gesteuerten Lehrens aufgezeigt: Die Lernenden werden stark geführt mit Hilfe von Materialien, welche die Aufgabe eines Lehrers übernehmen.

Der **programmierte Unterricht**, bei dem sich die Lernenden in ihrem eigenen Tempo durch Materialien arbeiten, die von LehrerInnen erstellt wurden, ähnelt zwar als technologiebasierte Lernform dem *self-access*. Allerdings stellt jener Instruktionsmodus kein selbstgesteuertes Lernen dar, da die individuellen Wahlmöglichkeiten weitgehend fehlen und die wesentlichen Entscheidungen von den Lehrkräften bzw. den Programmen als Lehrkraftsubstituten getroffen werden.

Ziele

Zielkonzepte

Wer nach einer **Legitimierung** für SALL sucht, kann sich im Wesentlichen auf folgende drei Konzepte stützen (Sheerin 1989, 3 ff.):

- Unabhängigkeit und Eigenverantwortung der Lernenden
- Das Lernen lernen
- Heterogenität der Lernenden (Psyche, Persönlichkeit, Lerntypus, Motivation, Leistungsvermögen, Intention)

Unterrichtsgestaltung

Organisation und Ausstattung

Der organisatorische Kern von SALL ist das ***self-access centre***, welches als relativ unabhängige Einrichtung für das Lernen außerhalb des Klassenzimmers fungiert. Zu den dort verfügbaren Ressourcen zählen in der Regel eine bestimmte Anzahl an Arbeitsplätzen mit Audio-, Video- und Computer-Hardware, außerdem Audiobänder, Videobänder, Computersoftware, diverse gedruckte Materialien, mitunter Bereiche für Gruppenarbeit, ein *help desk*, bestimmte Tutorendienstleistungen und verschiedene Formen von online-Diensten.

Anforderungen an ein Selbstlernzentrum

Beim **Aufbau** eines Selbstlernzentrums sind zahlreiche Aspekte zu berücksichtigen:

- Finanzierung (*funding*)
- Typus des Zentrums (*type*)
- Entwurf, Produktion und Kauf von Materialien (*materials, resources*)
- Klassifizierung und Katalogisierung der Materialien (*classification*)
- Organisation des Zugriffs der Lernenden (*access and retrieval systems*)
- Aufbewahrung und Präsentation des Materials (*storage and display*)
- Personal für den Aufbau des Systems, Instandhaltung, Kontrolle, Beratung (*staffing*)
- Einführung und Training der Lernenden (*learner training*)

Wenn die finanziellen Möglichkeiten den Neubau eines geräumigen Selbstlernzentrums nicht gestatten, kann auf reduzierte Formen ausgewichen werden. So kann das alte HSAH-Sprachlabor (Hören – Sprechen – Aufnahme – Hören) zum modernen digitalen Multimedia-Sprachlabor inklusive Selbstlernbereich aufgerüstet werden (Thaler 2004a), eine Abteilung der Bibliothek umfunktioniert oder ein anderer separater Raum entsprechend möbliert werden. Die reduziertesten Versionen treten schließlich in der Form von *activity corners* im Klassenzimmer (z. B. *reading corner*) oder einer *self-access box* bzw. eines *self-access trolley* auf.

reduzierte Varianten

Die **Effektivität** eines Zentrums hängt von einer Reihe von Aspekten ab:

Effektivitätskriterien

- *Management*
- *Facilities*
- *Staff training/development*
- *Learner training/development*
- *Learner culture*
- *Materials*

Bei diesen Effektivitätskriterien scheint die Rolle des Lernenden zweimal auf. Bei einem *self-access centre* handelt es sich schließlich auch nicht um eine Lehr-, sondern eine Selbstlern-Einrichtung. Damit dieses Selbstlernen wirksam verläuft, bedarf es seiner organisatorischen Strukturierung. Zu den **Phasen** des Prozesses von Selbstlernen werden gemeinhin die folgenden gezählt:

Phasen im Selbstlernprozess

- Bedürfnisanalyse
- Zielsetzung
- Planung eines Arbeitsprogramms
- Wahl der Materialien und Aktivitäten
- Arbeit ohne Supervision
- Evaluation des Lernfortschritts

Ergebnisse

Eine Durchsicht der teilweise widersprüchlichen Forschungsergebnisse zu SALL ergibt folgendes Bild:

Empirische Studien zu SALL

Forschungsgegenstand	AutorIn (Jahr)	Erkenntnis
Technische Ausstattung des Selbstlernzentrums	Benson (2001)	kein Beweis für einen Zusammenhang zwischen der Höhe der finanziell-technologischen Ausstattung und dem Niveau des Sprachlernens

Empirische Studien zu SALL

Forschungsgegenstand	AutorIn (Jahr)	Erkenntnis
computerisierte Katalogisierung	BOOTON/BENSON (1996)	Ermunterung seitens der Berater zur Benutzung des Katalogs durch Lernende nötig
self-access logs	MARTYN (1994)	Hilfe bei der Setzung realistischer Ziele und der Planung von Lernaktivitäten, Integration der *logs* in die Beratung durch Lehrkräfte vonnöten
Lerner-Verhalten	LITTLEJOHN (1985)	Korrelation zwischen hohem Einsatz der Lernenden und einer positiven, informierten Haltung ihrer Lehrkräfte
Lehrer-Verhalten	O'DELL (1997)	vier Variablen: pädagogische Fähigkeiten, Vertrautheit mit dem Zentrum, technische Fertigkeiten, Resonanz der Anlage bei den Lernenden
Beratung	VOLLER et al. (1999)	Notwendigkeit einer Einzelberatung, Differenzen über methodische Gestaltung

notwendige Begleitmaßnahmen

Insgesamt lassen sich aber noch kaum gesicherte Aussagen über die Effektivität von Selbstlernen hinsichtlich Autonomie und Sprachlernen treffen. Die Bereitstellung einer Selbstlerneinrichtung allein ist nicht ausreichend, vielmehr müssen **begleitende Maßnahmen** getroffen werden wie „learner training and support mechanisms, appropriate use of technology, the design of access systems to support self-direction, teacher and learner involvement, and the integration of self-access with the curriculum" (BENSON 2001, 134).

Selbstlernen: nicht unbegleitet

Dass man die Personen bei SALL nicht ganz allein lassen darf, wird indirekt durch die Erkenntnisse über *self-instruction* gestützt. Die wenigen Forschungsarbeiten dazu zeichnen ein eher negatives Bild: **Lernen in Isolation** schafft große Motivationsprobleme, aber geringe oder gar keine Fortschritte; es muss bereits ein hoher Grad von Autonomie vorhanden sein, um autonom und effektiv lernen zu können.

Beurteilung

Offenheit

Dass *Self-Access Language Learning* **offenes Lernen** ermöglichen kann, ist evident. Der Lernende kann relativ unabhängig von Steuerung und Lehrperson den eigenen Lernprozess bestimmen. Die meisten Selbstlernzentren sind nach einem Ausleihbibliothekssystem organisiert, das ihm die freie Auswahl des Materials anbietet. Er kann entscheiden, wann er den Ort aufsucht, wie lange er bleibt, wie viel Zeit er auf die einzelnen Aufgaben und Medien verwendet. Das Material gibt Lernenden auch die Möglichkeit, die eigene Leistung zu korrigieren und zu evaluieren. Es zeigen sich hier einige Parallelen zur Freiarbeit oder dem materialgeleiteten Lernen.

Offenheitsgrade

Das *self-access centre* an sich stellt ein hinreichendes, gleichwohl nicht ausreichendes Kriterium für Offenheit und eigene Kontrolle über den Lernprozess dar. „It is possible to have a marvellously well-stocked self-access centre and for student activity to be totally directed within that centre" (Sheerin 1997, 55). Wie stark die Lernenden in dieser Einrichtung gelenkt werden, hängt vom Typus, den Intentionen und Methoden des Zentrums ab. Manche Räume bestehen ausschließlich aus separaten Einzelkabinen und suggerieren schon über ihre physische Gestalt, dass individuelles Lernen hier zentral ist. Andere integrieren auch offene Kontaktflächen, wo kooperatives Arbeiten und kommunikative Interaktion angeregt wird. Man kann in diesem Zusammenhang auch zwischen einem ***practice centre*** und einem ***learning centre*** unterscheiden, wobei ersteres für eine ergänzende Übung zum klassenzimmerorientierten Unterricht zur Verfügung steht, während das zweite eher zum offenen, entdeckenden Umgang mit der Fremdsprache einlädt.

typische Materialien

Die in einer Selbstlerneinrichtung vorhandenen **Materialien** erleichtern selbstgesteuertes Lernen, aber sie garantieren es nicht. Häufig werden *worksheets* mit Texten (oder Aufgaben) eingesetzt, die Fragen enthalten, welche nur eine richtige Antwort erlauben, damit sie von den Lernenden selbst anhand eines Antwortbogens leichter und in stärkerem Maße objektiv korrigiert werden können. Hier werden die Lernenden in einen reagierenden Status gezwungen. SALL wurde aber nicht eingeführt, um den Ursprung des Wissens von der Lehrkraft auf das Antwortblatt (*key*) zu verlegen – das ja ebenfalls von Lehrpersonen oder Verlagsmitarbeitern erstellt wurde und somit die Lehrersteuerung lediglich kaschiert. Offenes Lernen verlangt auch nach anderen Materialien, die den Lernenden etwas entdecken lassen, ihn kollaborativ mit anderen etwas erledigen lassen, Kommunikation fördern. Dies ist beispielsweise durch gelenkte Entdeckungsreisen mit authentischen Daten oder durch partnerorientierte *fluency activities* mit *peer-evaluation sheets* erreichbar. Dadurch lassen sich auch die didaktischen Schwächen vieler Selbstlernzentren verringern. „Self-access is currently strong in the domain of receptive skills, pre-communicative work

Rezeption zugunsten der Produktion

and communicative practice and weaker in the domain of authentic communication" (BENSON 2001, 123). Die technischen und methodischen Voraussetzungen für die stärkere Einbindung produktiver Fertigkeiten und kommunikativer Aktivitäten sind bereits vorhanden (THALER 2004a).

Problempotenzial

Neben didaktisch-methodischen Problemen sind *self-access centres* mit weiteren Herausforderungen konfrontiert. Abgesehen von der administrativen Frage der Finanzierung, der konzeptionellen Aufgabe der Planung und der praktischen Problematik des Unterhalts müssen sowohl LehrerInnen als auch SchülerInnen bereit sein zu einer **Rollenänderung**. Erstere sind verstärkt als Lernberater gefragt, letztere als autonome Lerner – beide Entwicklungen bedürfen der Übung und des Trainings. Nicht alle SchülerInnen streben nach den Annehmlichkeiten der Autonomie. Da die Lernenden nicht von Anfang an wissen, was am besten für sie ist, müssen sie in einen Zustand versetzt werden, in dem sie tatsächlich selbst wissen, was am besten ist für sie.

Kompromissvarianten

Da dieses Selbstwissen weder von Anfang an gegeben noch in seiner Entwicklung sicher für alle Lerner vorausgesetzt werden kann, taugt SALL **nicht** als **Ersatz für die Lehrkraft** oder das Lernen im Klassenzimmer. Dass der Erfolg von Selbstlernen nicht primär von finanziellen Faktoren abhängig ist, sondern vom pädagogischen Engagement der LeiterInnen und Lehrpersonen, wurde empirisch bestätigt. Aufbau, Planung und Instandhaltung der Einrichtung, Vorbereitung und Beratung der Lernenden, Hinführung zu und Anknüpfung an die Selbstlernaktivitäten erfordern kompetente Lehrkräfte im Klassenzimmer. ***Blended learning*** bzw. hybrides Lernen in seinen diversen Ausprägungen erscheint als vernünftiger Kompromiss.

15 *Dogme Approach*

Hintergrund

Omnia mea mecum porto.
Alles (Wichtige) trage ich immer bei mir.
Bias von Priene (einer der Sieben Weisen)

SCOTT THORNBURY (2000) verfasste einen Artikel mit dem Titel *A Dogma for EFL*, der den Lehrwerk-basierten Unterricht heftigst kritisierte. (Zum Folgenden vgl. THALER 2004b.) Da das Lehrbuch und die Überfülle zusätzlicher Medien und Materialien die echte Kommunikation zwischen LehrerIn und SchülerInnen sowie zwischen den SchülerInnen untereinander behindere, forderte er Gesinnungsgenossen auf, ihre Arbeit an dem didaktischen *vow of chastity* auszurichten (vgl. Kasten S. 145).

Begriff

THORNBURY hatte schon länger mit Zweifel am herkömmlichen Lehrbuch-Unterricht gekämpft, aber der Kinobesuch eines Dogme-Films versinnbildlichte ihm die Malaise. Die (Kino-) **Dogme-Bewegung** wurde 1995 in Kopenhagen gegründet, als die Regisseure LARS VON TRIER („Die Idioten"), THOMAS VINTERBERG („Das Fest") und weitere dänische Filmemacher ihren ***vow of chastity*** unterzeichneten. In diesem Manifest attackierten sie die dominierende Rolle der Technik im zeitgenössischen Film, deren künstliche Oberflächlichkeit und spektakuläre Action-Ingredienzen. Dagegen postulierten sie ein Kino, das die Geschichte ins Zentrum stellt, das innere Leben der Personen beleuchtet und sich einfachster, „natürlicher" Mittel bedient. Im Analogie-Verfahren übernahm THORNBURY Name und Prinzipien der Dogme-Film-Bewegung und adaptierte sie für die Fremdsprachendidaktik.

Vow of Chastity (vgl. THALER 2004b)

1. *Shooting must be done on location. Props and sets must not be brought in (if a particular prop is necessary for the story, a location must be chosen where this prop is to be found).*
2. *The sound must never be produced apart from the images or vice versa. (Music must not be used unless it occurs where the scene is being shot).*
3. *The camera must be hand-held. Any movement or immobility attainable in the hand is permitted. (The film must not take place where the camera is standing; shooting must take place where the film takes place).*
4. *The film must be in colour. Special lighting is not acceptable. (If there is too little light for exposure the scene must be cut or a single lamp be attached to the camera).*
5. *Optical work and filters are forbidden.*
6. *The film must not contain superficial action. (Murders, weapons, etc. must not occur.)*
7. *Temporal and geographical alienation are forbidden. (That is to say that the film takes place here and now.)*
8. *Genre movies are not acceptable.*
9. *The film format must be Academy 35 mm.*
10. *The director must not be credited.*

Neben der filmischen Dogme-Bewegung geben THORNBURY et al. wiederholt zwei weitere Inspirationsquellen an. Die neuseeländische Lehrerin SYLVIA ASHTON-WARNER hatte sich bereits 1963 in einem pyromanischen Befreiungsakt von der **Lehrbuchversklavung** verabschiedet:

Anti-Lehrbuch-Aktionen

I burnt most of my infant room material on Friday. I say that the more material there is for a child, the less pull there is on his own resources … teaching is so much simpler and clearer as a result. There's much more time for conversation … [and] communication. (You should have heard the roaring in the chimney!) (Ashton-Warner 1963/1980, 119)

Und Postman/Weingartner (1969) forderten in ihrem subversiven Werk Ende der sechziger Jahre ein fünfjähriges Moratorium für die Verwendung aller Lehrbücher.

Kontext: Small is beautiful

Auch wenn Thornbury et al. nicht *expressis verbis* darauf Bezug nehmen, ist die **Skepsis** gegenüber moderner Technik und das Essentielle verdeckenden Ballast auch in anderen Bereichen zu spüren. Neben der jüngeren Filmgeschichte erkennt man vergleichbare Trends in der Rockmusik (*MTV Unplugged*), bei der ökologischen Bewegung (*small is beautiful*), auf dem populärpsychologischen Markt (*back to basics*) und – seit den Zeiten der Maschinenstürmer – auf diversen weiteren Kampffeldern des Kulturpessimismus.

Ziele

Beschränkung auf Essenzielles

Die filmspezifischen Prinzipien der Dogme-Bewegung werden auf den Englischunterricht angewendet, womit das Postulat lautet: „for a pedagogy of *bare essentials*" oder ***Teaching Unplugged***. Die Anhänger fordern eine Didaktik, die sich dem ausufernden Gebrauch von Materialien, Medien und Technologie entsagt und von den momentanen Bedürfnissen der Anwesenden im Klassenzimmer ausgeht. Die Fülle an gedruckten Lehrbüchern mit zugehörigen Begleitmaterialien verdrängt die wesentlichen Elemente des Unterrichts. Das Leben der SchülerInnen, echte Kommunikation und Interaktion werden an den Rand gedrängt.

Grammatikvermittlung untergeordnet und situationsgerecht

Neben dem ***material overload*** soll dem ***OGS*** (*obsessive grammar syndrome*) vorgebeugt werden. Die Präsentation von grammatikalischen Elementen darf nicht ins Zentrum der Unterrichtsstunde rücken, sondern muss auf ein Minimum beschränkt bleiben. Außerdem kann der Lerngegenstand nicht sortiert und in leicht verdauliche grammatikalische Happen zerlegt werden (*grammar mcnuggets*). Die strukturellen Phänomene, die untersucht werden, müssen sich (quasi natürlich) aus dem aktuellen Unterrichtsgespräch ergeben.

Insgesamt werden somit **lehrbuchgeleitete, materialbasierte, grammatikdominierte Instruktionsansätze abgelehnt**. An ihre Stelle tritt das Lernpotenzial des Rohmaterials im Klassenzimmer, i.e. die aus den Interessen, Wünschen und Sorgen der **SchülerInnen** (und LehrerInnen) entstehende

Sprache. Dahinter steht die Überzeugung, dass Fremdsprachenlernen sozial bedingt ist und im Hier und Jetzt stattfindet. Dieses Credo entspricht bereits der ersten Regel des *vow of chastity*, den THORNBURY (2001) vom filmischen auf den fremdsprachendidaktischen Bereich folgendermaßen übertragen hat:

Vow of Chastity (in foreign language teaching)

1. *Teaching should be done using only the resources that teachers and students bring to the classroom – i. e. themselves – and whatever happens to be in the classroom. If a particular piece of material is necessary for the lesson, a location must be chosen where that material is to be found (e. g. library, resource centre, bar, students' club…).*
2. *No recorded listening material should be introduced into the classroom: the source of all „listening" activities should be the students and teacher themselves. The only recorded material that is used should be that made in the classroom itself, e.g. recording students in pair or group work for later re-play and analysis.*
3. *The teacher must sit down at all times that the students are seated, except when monitoring group or pair work (and even then it may be best to pull up a chair). In small classes, teaching should take place around a single table.*
4. *All the teacher's questions must be „real" questions (such as „Do you like oysters?" Or „What did you do on Saturday?"), not „display" questions (such as „What's the past of the verb to go?" or „Is there a clock on the wall?").*
5. *Slavish adherence to a method (such as audiolingualism, Silent Way, TPR, task-based learning, suggestopedia) is unacceptable.*
6. *A pre-planned syllabus of pre-selected and graded grammar items is forbidden. Any grammar that is the focus of instruction should emerge from the lesson content, not dictate it.*
7. *Topics that are generated by the students themselves must be given priority over any other input.*
8. *Grading of students into different levels is disallowed: students should be free to join the class that they feel most comfortable in, whether for social reasons, or for reasons of mutual intelligibility, or both. As in other forms of human social interaction, diversity should be accommodated, even welcomed, but not proscribed.*
9. *The criteria and administration of any testing procedures must be negotiated with the learners.*
10. *Teachers themselves will be evaluated according to only one criterion: that they are not boring.*

Vorteile

Von diesem Ansatz, der als **Input** die **Lernenden** und nicht das Material nutzt und der statt kleinschrittiger Grammatikarbeit echte **Kommunikation und Interaktion** anstrebt, verspricht man sich mehrere Vorteile (PRODROMOU 2003, 4):

- SchülerInnen arbeiten mit eigenem Input.
- Der Input hat ein angemessenes Niveau.
- Der Input interessiert die Lernenden.
- Der Input ist kulturell relevant.
- Die Muttersprache ist auch eine Ressource.
- Fehler sind eine Quelle der Stärke und des Fortschritts.
- Hausaufgaben werden wieder verwendet.
- Die Selbstachtung wird erhöht.
- Der Input verbessert den *Rapport* und die Gruppendynamik.

Unterrichtsgestaltung

bedürfnisgerechte Kommunikation

Eine typische Dogme-Unterrichtsstunde nimmt die Erfahrungen, Interessen und Bedürfnisse der **Lernenden** als **Ausgangspunkt. Die Quantitäten** sprachlichen In- und Outputs sind groß, wobei die Sprache nicht zum Selbstzweck, sondern für echte Kommunikation benutzt wird. Die Lernenden artikulieren ihre Wünsche, die Lehrenden nehmen sich selbst zurück und unterstützen die SchülerInnen bei der Erweiterung ihrer sprachlichen Fertigkeiten.

ganz ohne Lehrbuch

Lässt man die verschiedenen Unterrichtsvorschläge und Artikel Revue passieren, so kann man inzwischen eine *strong version* von einer *weak version* unterscheiden. Die ***strong version*** fordert den radikalen Verzicht auf das Lehrbuch und sämtliche externe Materialien. Sie versucht strikt, getreu den zehn Regeln des *vow of chastity* zu handeln. Diese Version dominierte die Gründungszeit von Dogme, wurde aber im Laufe der Zeit mit wachsender Kritik am Dogmatismus und der Inpraktikabilität der Anti-Lehrbuch-Bewegung relativiert.

Lehrbuch in stützender Funktion

Deshalb taucht in späteren Publikationen zusehends die ***weak version*** auf. „Dogme is not about materials-free activities (like warmers and fillers) but it is about materials-light teaching“ (THORNBURY/MEDDINGS 2001b, 41). Das Lehrbuch oder Lehrwerk wird nicht mehr prinzipiell verbannt. Mit einem argumentativen Trick wird der Einsatz von Lehrbüchern mit der ersten Dogme-Regel in Einklang gebracht: Wenn diese Regel postuliert, der Unterricht solle nur die Ressourcen verwenden, die Lehrer und Schüler naturgemäß ins Klassenzimmer mitbringen, dann gilt auch das Lehrbuch als „a fact of (classroom) life“ (ib.). Allerdings darf das Lehrbuch keine zentrale

Rolle spielen, sondern nur stützende Funktion ausüben: „Coursebooks should not be allowed to become the tail that wags the dog“ (ib.). Sowohl das Lehrbuch als auch andere Materialien werden deshalb nur spärlich eingesetzt.

bevorzugte Aktivitäten

Die **Aktivitäten** sollen so gestaltet werden, dass möglichst viel **exposure, attention, output** und **feedback** ermöglicht wird, um maximales ***language emergence*** zu erreichen. THORNBURY/MEDDINGS (2002) schlagen mehrere Verfahren vor, wie man aus einer lehrbuchzentrierten Stunde eine **schülerzentrierte** Dogme-Stunde macht, wobei die einzelnen Techniken ihren Ausgangspunkt an den Texten (Verständnis, Analyse, Personalisierung), Themen (Fragebögen, Anekdoten, Geschichten, Diskussionen, schriftliche Unterhaltungen) und Aufgaben (Umfragen, Lügendetektor, Quiz) nehmen.

Eine Auswahl von **Stundenbeschreibungen** findet sich auf der *Dogme ELT discussion site* (http://groupyahoo.com/group/dogme/), wo Modelle aus diversen Ländern, auf verschiedenen Lernstufen sowie mit unterschiedlichen Themen und Lernzielen aufgeführt sind.

Ergebnisse

Da der *Dogme Approach* – zumindest unter diesem Namen – erst seit kurzer Zeit praktiziert wird, mangelt es naturgemäß an validen Studien. Einen Einblick in diverse Unterrichtserfahrungen ermöglicht die Lektüre der Zuschriften zur *discussion group* von Dogme (http://groupyahoo.com/group/dogme/). Diejenigen, die der materialfreien oder materialarmen Methode skeptisch gegenüber stehen, stoßen sich an der ihrer Ansicht nach dogmatischen und unflexiblen Natur des fremdsprachendidaktischen *vow of chastity*. Auch die hohen Ansprüche, die ein solch strenger Kanon an die praktizierenden Lehrkräfte stellt, werden beklagt.

Skepsis

Vorteile aus Lehrersicht

Die **Sympathisanten** heben dagegen die segensreichen Auswirkungen auf die kommunikativen Interaktionen und das persönliche Verhältnis zwischen den Beteiligten hervor. Sie sprechen von einem Gefühl der Befreiung von Materialversklavung, höherer Effizienz durch die Auseinandersetzung mit dem Rohmaterial, Erweiterung methodischer Handlungskompetenz (*empowerment*) sowie wiedergefundener Freude am Unterrichten.

Beurteilung

Der Geist des *Dogme Approach* und der Dekalog des fremdsprachendidaktischen *vow of chastity* offenbaren zunächst den **offenen Charakter** dieses Ansatzes:

Offenheit

- Zentrierung der Lernenden
- Orientierung an deren Bedürfnissen
- Ablehnung eines einengenden Lehrbuchs
- Suche von Materialien an schulexternen Orten
- Bevorzugung von offenen (,echten') gegenüber didaktischen Fragen
- Absage an den Monopolanspruch einer Methode
- Ablehnung eines vorgefertigten Curriculums
- Orientierung der Grammatikarbeit an dem aktuell entstehenden sprachlichen Korpus
- Bevorzugung schülerinitiierter Themen
- Mitbestimmung der Lernenden an der Konzeption und Implementierung von Leistungsmessungen

Dogme wehrt sich gegen generalisierende Lösungen für sich ständig anders darstellende Unterrichtssituationen und will den **freien**, von den Lernenden initiierten **In- und Output** nicht einschränken.

> *The point is to restore teaching to its pre-method 'state of grace' – when all there was was a room with a few chairs, a blackboard, a teacher and some students, and where learning was jointly constructed out of the talk that evolved in that simplest, and most prototypical of situations.* (THORNBURY 2000, 2)

Spontaneität und Gelingen

Wenn auch diese nostalgisch verklärte **Aversion gegenüber Methoden** fremdsprachenhistorisch zweifelhaft erscheint und einer gewissen Naivität nicht entbehrt, kann sie durch konkrete Erfahrungen gestützt werden. Wer hat nicht schon Unterrichtsstunden erlebt, die herzerfrischend gelangen, weil man sie einfach ,laufen' ließ? Demgegenüber blieb manch akribisch vorbereitete und stringent durchgezogene Stunde mit Lehrbuch oder anderweitigem Material seltsam leblos. Das Lehrbuch, das von jemand anderem an einem anderen Ort nicht speziell für mich und meine SchülerInnen geschrieben wurde, kann sich zwischen mich und meine SchülerInnen stellen, das *hic et nunc* ignorieren, den **persönlich-lebendigen Austausch** verhindern.

Geschlossenheit aus dem Geist des Verzichts

Eine **Geringschätzung des Lehrwerks** oder der Ausschluss bestimmter Materialien und Techniken trägt andererseits nicht automatisch zur Erweiterung des methodischen Handlungsrepertoires bei. Die Aufstellung eines Manifests mit zehn Regeln impliziert **Geschlossenheit**. Abstrakta wie *dogme*, *vow* und *chastity* evozieren Bilder von Rigidität, Konformitätsdruck und Entsagung. Die präskriptiven Aussagen des *vow of chastity* schließen bestimmte Ressourcen (klassenzimmerexterne Materialien), Medien (fertige Audiotexte), Fragetypen (geschlossene Fragen) aus und strahlen eine gewisse Technophobie aus.

Die wesentlichen Forderungen der Dogme-Bewegung stehen natürlich in einer langen Tradition. Die Debatte, ob man **Lehrbücher** verwenden soll oder nicht, geht weit zurück – und an Lehrbuch-Kritikern hat es nie einen Mangel gegeben (Kurtz 2001b). Insofern gießen die Protagonisten von Dogme alte Ideen in neue Formen. Das Lehrbuch oder Lehrwerk ist per se nicht schlecht oder gut. Es steckt sowohl positives als auch negatives Potenzial darin, wie die folgende Übersicht verdeutlicht.

Argumente pro *und* contra *Lehrbücher*

Pros	Cons
System *With textbooks you know where you are, what you have done, where you are going.*	***Irrelevance*** *Textbooks may not be relevant to the needs of a particular group of learners.*
Syllabus *Textbooks provide a built-in language syllabus.*	***Homogeneity*** *Textbooks ignore the heterogeneity of pupils we find in most classrooms.*
Guideline *Textbooks provide a plan of work for the teacher.*	***Length*** *Textbooks include texts which may be too long or too short.*
Security *Textbooks provide a clear programme of study for the student*	***Difficulty*** *Textbooks include texts which may be too difficult or too easy.*
Sense of progress *With textbooks students see that they have improved.*	***Publication*** *Textbooks quickly go out of date.*
Language core *Textbooks present a common core of language which learners in different contexts may share.*	***Boredom*** *Textbooks deal with topics that are not interesting, humorous or relevant to pupils.*
Revision *With textbooks students and teacher can go back at any time and review material.*	***Routine*** *Textbooks can be repetitive (same character, same topic, same format for every unit).*
Extras *Textbooks are accompanied by enriching components (keys, workbooks, CDs, Schulaufgabentrainer etc.).*	***Passivities*** *The activities in textbooks don't deserve their name, do not really activate pupils and do not automatically guarantee acquisition of learning input.*

Argumente pro *und* contra *Lehrbücher*

Pros	Cons
Timesaver *Textbooks save busy teachers time.*	***Bias*** *Textbooks present a middle-class view of reality – sanitized, elitist – and avoid controversial topics or present them in too formalized a way.*
Compactness *Textbooks are compact – can be easily stacked, stored and carried, are collated within a book binding, so the sheets don't fall out and get lost.*	***Dependence*** *Textbooks prohibit the learners' freedom of choice and act against spontaneity in the classroom.*
Layout *The materials in textbooks usually look professional.*	***Straitjacket*** *Textbooks threaten the teacher's freedom of action.*
Alternative *There are no real alternatives to textbooks.*	***Economic interest*** *Textbooks are merely money-spinners for publishers.*

teacher: master; textbook: servant

Wie diese Potenziale nun genutzt werden, hängt nicht vom Lehrbuch ab. Es ist der **Lehrende**, der das Lehrbuch ge- oder missbraucht. „I have seen excellent textbook material come brilliantly to life in the hands of a gifted teacher and I have seen the same material turn to dust in the hands of an uninspired teacher" (Prodromou 2002, 27). Umgekehrt kann ein schlechtes oder mittelmäßiges Lehrbuch von einem uninspirierten Lehrer routinemäßig durchgekaut oder von einem kompetenten Lehrer zu einem motivierenden Lernschrittmacher ausgebaut werden. Es kommt hier nicht primär auf das Produkt, i. e. das Lehrbuch, sondern auf den Prozess, i. e. die individuelle Unterrichtsgestaltung, an.

Passung der Lehrbuchnutzung

Das Lehrbuch soll den Unterricht begleiten, ihn aber nicht bestreiten. Schließlich ist es nicht für jede Lernsituation das geeignete Medium. Den Lehrkräften stehen vier prinzipielle **Optionen der Lehrwerkverwendung** zur Verfügung:

(1) Verwendung eines Teils des Lehrbuchs: ohne Änderung
(2) Verwendung: mit Änderung
  a) Ergänzung
  b) Umschreiben
  c) Teilersetzung
  d) Neuordnung
  e) Reduzierung
  f) Erweiterung

(3) keine Verwendung: Auslassen
(4) keine Verwendung: Ersetzen

Die Argumentation der Lehrbuch-Kritiker erscheint insofern reduziert: Sie haben die bedenken- und kritiklose Eins-zu-Eins-Umsetzung des Lehrbuchs im Unterricht im Visier, aber lange nicht alle LehrerInnen folgen sklavisch diesem Weg.

Alternativen zur Lehrbuchnutzung

Die **Alternative** zur Verwendung des Lehrbuchs ist, dass Lehrer oder Schüler im DIY (*Do It Yourself*)-Verfahren Materialien mitbringen und Aktivitäten ersinnen. Abgesehen von der Zeitaufwändigkeit dieses Verfahrens, stellen sich die Fragen nach Effektivität und Kohärenz:

> *There's the problem of what the students get out of teacher-based materials (or even out of a Dogme-style class which eschews heavy material use)? Will they end up with a coherent body of work to remember and revise from? Will their classes follow a pattern they can discern, or will they come to seem like a random collection of bits and pieces?* (HARMER 2001, 7)

optimierte Lehrbuchnutzung

Deswegen führt die Fokussierung auf die Autorenschaft am Kern des Problems vorbei. „Whether the material is generated by publishers, authors, teachers or learners, it will stand or fall, take off or fall flat, depending on the teacher's skills as a classroom manager, able to capture, engage and keep the attention of students" (PRODROMOU 2002, 33). Diese Fertigkeiten fördert PRODROMOU, indem er die Forderung nach Adaption des Materials im Sinne eines ***dogmetizing the coursebook*** konkretisiert, um das meiste aus ihm herauszuholen: Personalisierung der Darbietung und der Aufgaben, Vielzahl unterschiedlicher Aufgaben, offene und interaktive Aufgabentypen, persönliche Fähigkeiten des Lehrers zur Herstellung von *Rapport* zwischen Lehrer und Schüler.

Fazit

Es muss nicht besser werden, wenn es anders wird. Wenn es aber besser werden soll, muss es anders werden.
GEORG CHRISTOPH LICHTENBERG

Die Überlegungen in der Einleitung und im Hauptteil stellen den heute praktizierten Englischunterricht vor gewisse Herausforderungen. Die zu lösenden Fragen richten sich dabei hauptsächlich auf folgende Aspekte.

1 Lehrplan

Tendenz: Mitbestimmung der Lernenden

Die dezisionistische Öffnung mit der Ausweitung des Einflusses der Lernenden auf ihren Lernprozess führt zur Frage der Mitbestimmung bei curricularen Entscheidungen. NUNAN (1988) plädiert für ein *learner-centred curriculum*, andere für ein *process syllabus*, BENSON geht noch einen Schritt weiter. „Learners are expected to make the major decisions concerning the content and procedures of learning in collaboration with their teachers" (2001, 163). Inhalt und Methode nicht mehr extern vorzugeben, sondern der permanenten Verhandelbarkeit anzuvertrauen, erscheint allerdings mehr als problematisch. Eine reduzierte Version nimmt den kommunikativen Klassenzimmerdiskurs ernst, indem Inhalte und Verfahren nicht immer vorausbestimmt sind, sondern die **Lernenden** dabei **einbezogen werden**, wie etwas gemacht wird.

2 Stundenplan

Tendenz zu Unterrichtsblöcken

Die Öffnung des Fremdsprachenunterrichts stellt außerdem die Frage, ob neben der traditionellen **Zeiteinteilung** auch das so genannte *block scheduling*, eine Einteilung des Stundenplans in Unterrichtsblöcke, treten sollte. Diese Unterrichtsblöcke existieren in vielen Formen: z. B. vier Zeitblöcke pro Tag (90 Minuten lange Unterrichtsphasen in vier Fächern, welche an sich abwechselnden Tagen während des Schuljahres angeboten werden), Trimester-Pläne (drei- oder vierstündige Abschnitte in zwei Fächern für eine gewisse Dauer, gefolgt von ähnlichen Zeitblöcken in zwei anderen Fächern). Die Einführung blockähnlicher Stundenpläne ist allerdings nur effektiv, wenn die Unterrichtsphase nicht von langen Zeiträumen ohne Fremdsprachenunterricht unterbrochen wird (Gefahr des Verlusts von Sprachkönnen) und Lehrkräfte die notwendige Hilfe während des Übergangs erhalten (Veränderung des Unterrichtsstils).

3 Klassenraum

Offenere Lernarrangements verlangen auch nach offeneren Raumarrangements. Dieser Forderung kommt die **Fremdsprachenwerkstatt** nach, die mit der Aufteilung in verschiedene Funktionsbereiche ein *rich learning environment* darstellen will. MEINERT MEYER (1994) entwarf ein Raumkonzept mit vier Funktionsbereichen (Bereich für Kommunikation und Lesen, Bereich für Frontalunterricht, Bereich für Inszenierungen, Bereich für berufliche Kommunikation). Zu den spezifisch fremdsprachlichen Lernwerkstätten gehört der Vorschlag von LEGUTKE/MÜLLER-HARTMANN (2000), die als Beispiel eine umgebaute Schulbibliothek zeigen, welche Frontalunterricht, Gruppenarbeit, Freiarbeit, geselliges Lernen, Nutzung verschiedenster Hilfsmittel und Medien wie Lexika oder PC in einer wohnlichen Lernatmosphäre ermöglichen soll. Allerdings wird die Bereitstellung von PCs nicht automatisch einen handlungsorientierten Fremdsprachenunterricht zur Folge haben, und die didaktisch-methodische Veränderung des unterrichtlichen Alltags kann durch die Einrichtung solcher Fremdsprachenwerkstätten nur langfristig gelingen.

Tendenz: (offene) Lernwerkstatt

4 Medien

Balanced Teaching verlangt nach einer Balance zwischen Lehrbuch und alternativen Materialien. Das Versprechen einer schönen neuen Welt durch die neuen Medien darf nicht zu einer regressiven Diskriminierung der konventionellen Medien führen. Das Lehrwerk bleibt Wegbegleiter, *chalk and talk* werden durch *copy and paste* nicht eliminiert. Statt Destruktion des Lehrbuchs sind seine Öffnung und Ergänzung gefragt. Es kann dabei weder um eine Aufblähung des Lehrbuchs, das heute schon viel dicker als frühere Generationen ist, noch um eine Erweiterung der Lehrwerkfamilie gehen, denn diese umfasst neben dem Lehrbuch jetzt schon bis zu 25 Einzelkomponenten und produziert einen einengenden Be- und Abarbeitungsdruck. Sinnvoll erscheint deshalb eine lernzielorientierte Ergänzung, Verarbeitung und Vertiefung des – schlankeren – Lehrwerks durch weitere Elemente, z. B. elektronische Module, durch das WWW gelenkte und offene Recherchen, problemorientierte Themendossiers, offene Einheiten. Die Schulbuchverlage reagieren darauf bereits teilweise, indem sie Internetmodule in die Lehrbücher integrieren, Aktualisierungen und Zusatzmaterialien *online* auf den Verlagsservern anbieten. Eine zentrale Plattform (***digital planner***), die alle Begleitmaterialien eines Lehrwerks (Schülerbuch, Lehrerhandbuch, Workbook, audiovisuelle Materialien etc.) integriert und auf die die einzelne

Tendenz: Medientoleranz und -nebeneinander

Tendenz: zentrale Plattform

Lehrkraft (online oder via CD) bequem zu Hause zugreifen kann, erscheint als wegweisendes Zukunftsszenario.

5 Leistungsüberprüfung

Einbezug offener Formen von Leistungsprüfung

Eine Öffnung ist auch auf dem Gebiet der Beurteilung vonnöten. Wenn man auch offen unterrichtet, kann man nicht nur geschlossen prüfen. Wenn wir ein *Balanced Teaching* praktizieren wollen, müssen wir zu einer **Balance aus geschlossenen und offenen Leistungsfeststellungen** finden. Neben inhaltlich-stofflich-kognitiv orientierten Bewertungsdimensionen müssen sozialkommunikative und methodisch-strategische Dimensionen treten, neben klassennormorientierten auch persönlichkeits-selbsterfahrende, neben schriftlichen Modi vermehrt mündliche. Formen wie Lernberichte, Beobachtungsbögen, Selbstbeurteilung, *peer evaluation*, Lernkontrollen im Team oder Portfolio müssen dabei noch systematischer auf ihre Eignung untersucht werden.

6 Lerner-Rolle

lernstrategische Kompetenzvermittlung

Bezüglich der Lerner-Rolle erfordern offene Lernarrangements die Vermittlung von **Lernstrategien** (*learning strategies, study skills*). Dies mag in verschiedenen Formen erfolgen, z.B. durch Ratgeber, Training auf der Grundlage der *good language learner research*, Experimentierphasen, selbstreflektive Ansätze oder integrative Ansätze. Eine nicht geringe Anzahl von Studien zeigt eine positive Korrelation zwischen dem Gebrauch von Lernstrategien und verbesserter Lernleistung in der Fremdsprache. Da die SchülerInnen über eigenständige Lerntechniken nicht in ausreichendem Maße verfügen, müssen ihnen die Strategien explizit vermittelt werden. Selbststeuerung der Lernenden bedarf also auch hier einer gewissen Fremdsteuerung durch die Lehrenden. So kann die Einführung, Erklärung und Vermittlung der Strategien lehrerzentriert-geschlossen erfolgen, die Anwendung und Einübung durch aktiv-offene Schülerarbeit.

7 Lehrer-Rolle

Rollenvielfalt

Die Notwendigkeit einer Wechselwirkung zwischen Fremd- und Selbststeuerung verstärkt auch die Überzeugung, dass Lehrerinnen und Lehrer nicht überflüssig werden. Seit geraumer Zeit fordert man den Lehrenden auf, sich verstärkt als *counselor, facilitator, tutor, helper, learning manager, learner trainer, learner motivator* zu empfinden – als ***guide on the side***. Diese für offenen Unterricht notwendigen Rollensegmente dürfen aber die traditionellen Rollenbilder nicht ersetzen. Im Sinne von *Balanced Teaching* werden *knower, transmitter, corrector, language model, linguist, expert, lecturer, drill conductor, giver of information* nicht obsolet – der ***sage on the stage*** stirbt nicht aus. Diese Erweiterung der Rollenanforderungen stellt zweifelsohne eine gewaltige Herausforderung für den Lehrenden dar – *be a teacher, be a hero*. Vielleicht hilft dabei das Er- und Anerkennen eigener Offenheit und professioneller Freiheit – der Lehrer als ***autonomous individual*** (KUMARAVADIVELU 2001, 548).

8 Routine

Rituale

Auch ein balancierter Umgang mit dem Konzept Routine mag nützlich sein: **Nein** zu ***routine*** (im Singular) als eingefahrenes Unterrichtsschema, aber **Ja** zu ***routines*** (im Plural) im Sinne mentaler Scripts und gewohnheitsmäßiger Verhaltensmuster, welche Interaktionen vereinfachen und Orientierung geben.

9 Klassenzimmerdiskurs

Fragen und Herrschen

Die Lehrkraft ist auch weitgehend verantwortlich für die Art des Diskurses im Klassenzimmer – durch Frageverhalten, Konversationsstil, Kommunikationsverhalten. Die Kritik am Despotismus der Lehrerfrage besteht seit der Reformpädagogik, und Vorschläge für eine Öffnung des **Frageverhaltens** sind inzwischen vorhanden. *Balanced Teaching* will die Lehrerfrage nicht abschaffen, aber das „sowohl-als-auch“ stärken:

- neben Fragen auch verbale und non-verbale Impulse
- neben didaktischen auch echte Fragen
- neben engen auch „Schrotschuss“- oder „Ballon“-Fragen
- neben Wissens- auch Denkfragen
- neben konvergenten auch divergente Fragen
- neben inhaltlichen auch prozessbezogene Fragen
- neben uniformen auch differenzierend-individualisierende Fragen
- neben informierenden auch (zum Denken, Staunen, Urteilen) provozierende Fragen
- neben geschlossenen eben auch offene Fragen.

Nicht nur die erste Komponente des IRE(F)-Interaktionsmusters (*impulse – response – evaluation/feedback*), i. e. die Frage, auch die dritte Komponente kann offener gestaltet werden, indem weniger die bewertende als vielmehr die kommunikative Funktion des ***F-move*** genutzt wird (CULLEN 2002). Die Reaktion der Lehrkraft muss stärker an einer echten Weiterführung der Kommunikation orientiert sein als an einer mechanischen Bestätigung von „richtig“ oder „falsch“.

Fragen und (Ab-)Warten

Dass die *wait time*, i.e. die Wartezeit zwischen Lehrerfrage und Schülerantwort, im Durchschnitt viel zu kurz ist und ihre Verlängerung nicht nur das kognitive Niveau der Beiträge und die Anzahl der Wortmeldungen erhöht, sondern auch die Offenheit des Diskurses, ist seit längerem bekannt. Neben dieser **Wartezeit I** (zwischen Lehrerfrage und Schülerantwort) sollte man auch die **Wartezeit II** (zwischen Schülerantwort und Lehrerreaktion) verlängern, um zu einem echten, partnerorientierten, offenen Unterrichtsgespräch zu gelangen, das auch Züge einer *conversation* trägt – **von der Inquisition zur Konversation** (GAGE/BERLINER 1996, 559).

10 Lehrerausbildung

träger Praxiswandel

All diese Desiderata von *Balanced Teaching* sehen sich allerdings mit dem **Transformationsproblem** konfrontiert. Theoretisches Denken schlägt sich mit einer großen Zeitverschiebung in veränderter Praxis nieder, das Verlassen gewohnter Bahnen und Betreten von methodischem Neuland erfordert Zeit. Die **A-B-E-R – Dilemmata** erschweren dem einzelnen Lehrer die praktische Umsetzung theoretischer Innovationen:

- A: widersprüchliche **Ansprüche**, z.B. *fluency* und *accuracy*
- B: **berufsbiografische** Erfahrungen, z.B. unbewusste Verinnerlichung von Lernerfahrungen nach dem Motto *teachers teach as they were taught, not as they have been taught to teach*
- E: entgegengesetzte **Erwartungen** der verschiedenen Rollenbezugsgruppen, z.B. kognitiv-analytischer Lerntyp und kinästhetisch-kommunikativer Lerntyp
- R: Widersprüche zwischen Anspruch und **Realität**, zwischen *Feiertagsdidaktik* und *Alltagsdidaktik* (APPEL 2002), z.B. Individualisierung und Differenzierung in großen Klassen.

Praxis der Öffnung braucht Öffnung der Praxis

Gleichwohl ist Transformation gewünscht. Als wesentliches Instrument fungiert dabei natürlich die **Lehreraus- und fortbildung**. Angehende (und praktizierende) LehrerInnen müssen offene (und geschlossene) Lernarrangements kennenlernen, sie ausprobieren dürfen, kritisch bewerten und dabei ihre biografisch bedingten subjektiven Theorien stets mitreflektieren. Eine bloß resultats- und nicht prozessorientierte Ausbildung, eine primär kognitive Vermittlung von Methoden ohne Ermöglichung praktischer Erfahrungen wird dagegen bewirken, dass man sich beim ersten Praxisschock schnell auf die einfacher handhabbaren konventionellen Methoden zurückfallen lässt und zur methodischen Monokultur tendiert. **Methodenbewusstsein, Methodenkompetenz, Methodenmut und Methodenfantasie** sind auch nicht zu erreichen, wenn lediglich ein einziges einschlägiges Modul in der Studienordnung vorgesehen ist. Schließlich gilt es, Methoden nicht nur von außen zu übernehmen, sondern auch von innen heraus zu entwickeln. Dann kann sich ***learning to teach* über *learning teaching* zu *learning*** entwickeln.

Literaturverzeichnis

AHLMANN, JOHANNA; JENS BAHNS. 2002. „Stationenlernen im Fremdsprachenlehramtsstudium." *Der Fremdsprachliche Unterricht Englisch* 57/58, 68–73.

AHLRING, INGRID. 1995. „Freie Arbeit kann in einem Fach begonnen werden. Ideen und Anregungen zum Aufbau Freien Lernens im Englischunterricht". In: CLAUSSEN, CLAUS (Hg.). *Handbuch Freie Arbeit.* Weinheim: Beltz, 254–260.

APELT, WALTER. 1993. „Projektmethode im Fremdsprachenunterricht – Ziele, Inhalte, Verfahren." *Fremdsprachenunterricht* 46, 381–385.

APELT, WALTER; HEIKE KOERNIG. 1994. „Affektivität im Fremdsprachenunterricht (I)". *Fremdsprachenunterricht* 47, 161–168.

ARELLANO, SONYA; JEAN DRAPER. 1972. „Relations between musical aptitudes and second-language learning". *Hispania* 55, 111–121.

ARENDT, MANFRED. 1994. „Simulation Marke Eigenbau." *Englisch* 2, 41–48.

ARENDT, MANFRED. 1997. „Simulationen." *Der Fremdsprachliche Unterricht Englisch* 31, 4–9.

ARENDT, MANFRED. 1999a. „Projektunterricht? Ja, bitte – und immer öfter!" *Der Fremdsprachliche Unterricht Englisch* 40, 10–15.

ARENDT, MANFRED. 1999b. „‚Smoking' – ein Projekt für die 10. Klasse." *Der Fremdsprachliche Unterricht Englisch* 40, 35–38.

ARENDT, MANFRED. 2002. „Freiarbeit: Schüleraktivitäten – Schülermeinungen." *Fremdsprachenunterricht* 1, 19–25.

ARENDT, MANFRED. 2003. „Aktives Sprachenlernen durch den Einsatz erprobter Unterrichtsverfahren (2): Das Verfahren Simulation." *Fremdsprachenunterricht* 2, 88–101.

ASCHERSLEBEN, KARL. 1999. *Frontalunterricht – klassisch und modern.* Neuwied: Luchterhand.

ASHTON-WARNER, SYLVIA. 1963/1980. *Teacher.* London: Virago.

AUER, HANNELORE. 1994. „Wochenplanunterricht – Grundlagen und Erfahrungen." In: Akademie für Lehrerfortbildung Dillingen (Hg.). *Freies Arbeiten.* Donauwörth: Auer, 252–266.

AUERBACH, ELSA. 1992. *Making meaning, making change: a guide to participatory curriculum development for adult ESL and family literacy.* McHenry: Center for Applied Linguistics and Delta System

BASTIAN, JOHANNES; HERBERT GUDJONS. 1988. *Das Projektbuch. Theorie – „Praxisbeispiele" – Erfahrungen.* Hamburg: Bergmann und Helbig.

BASTIAN, JOHANNES; HERBERT GUDJONS. 1990. *Das Projektbuch II. Über die Projektwoche hinaus: Projektlernen im Fachunterricht.* Hamburg: Bergmann und Helbig.

BATSCHING, HANS; JÖRG UTTENDORFER. 1994. „Freiarbeit – ein alternatives Unterrichtskonzept." In: Akademie für Lehrerfortbildung Dillingen (Hg.). 1994. *Freies Arbeiten.* Donauwörth: Auer, 120–129.

BAUER, ROLAND. 1997. *Schülergerechtes Arbeiten in der Sekundarstufe I: Lernen an Stationen.* Berlin: Cornelsen.

BECKER, ELISABETH. 1987. „‚At a camping site' – Simulationen zur Förderung der kommunikativen Kompetenz." *Englisch* 3, 84–95.

BELL, STEVE. 1995. „Storyline as an approach to language teaching." *Die Neueren Sprachen* 1, 5–25.

BENSON, PHIL. 2001. *Teaching and researching autonomy in language learning.* Harlow: Pearson.

BLOOM, ALLAN. 1987. *The closing of the American mind: how higher education has failed democracy and impoverished the souls of today's students.* New York: Simon & Schuster.

BLUDAU, MICHAEL. 2000. „Szenisches Spielen – ein Weg zu ganzheitlichem Sprachhandeln." *Fremdsprachenunterricht* 1, 15–21.

BÖRNER, OTFRIED. 1990. „Auch der Fremdsprachenunterricht lässt sich öffnen!" *Der Fremdsprachliche Unterricht Englisch* 100, 14–20.

BÖRNER, OTFRIED. 2003. „Lehrbuchbegleitende Freiarbeit in den Klassen 5–10." *Der Fremdsprachliche Unterricht Englisch* 66, 14–18.

BOOTON, PHILLIP; PHIL BENSON. 1996. *Self-access: classification and retrieval.* Manchester: British Council.

CANDLIN, CHRISTOPHER; D. F. MURPHY (Hgg.). 1987. *Language learning tasks.* Englewood Cliffs: Prentice-Hall.

CASS, GRAHAM; ALBRECHT PISKE. 1977. „Pedagogical pop: a practical guide to using pop music in English language teaching." *Praxis des Neusprachlichen Unterrichts* 24, 131–139.

COHEN, MOSHE; MARGARET RIEL. 1989. „The effect of distant audiences on students' writing." *American Educational Research Journal* 26/2, 143–159.

DÉBYSER, FRANCIS. 1986. *L'immeuble.* Paris: Hachette.

DECKE-CORNILL, HELENE. 2002. „Fremdsprachenunterricht zwischen Geschlossenheit und Öffnung." In: MELDE, WILMA; VOLKER RADDATZ (Hgg.). *Innovationen im Fremdsprachenunterricht, I: Offene Formen und Frühbeginn.* Frankfurt am Main: Lang, 13–22.

DOFF, SABINE. 2002. „Der Lernzirkel ‚American Dream' – Durchführung und Evaluation handlungsorientierter Arbeitsformen in der Sekundarstufe I." *Englisch* 37/3, 81–93.

DONATH, REINHARD. 1996. *E-mail-Projekte im Englischunterricht.* Stuttgart: Klett.

DOYE, CHRIS. 1998. „Films for self study." *Modern English Teacher* 4, 60–63.

DUBIN, FRAIDA. 1975. „Pop, rock, and folk music: an overlooked resource." *English* 10, 109–113.

EISERMANN, BETTINA. 2002. „The Land of the Maple Leaf. Stationenlernen Canada." *Der Fremdsprachliche Unterricht Englisch* 57/58, 26–31.

ELLIS, ROD. 2003. *Task-based language learning and teaching*. Oxford: Oxford University Press.

ESTAIRE, SHEILA; JAVIER ZANON. 1994. *Planning classwork: a task-based approach*. Oxford: Oxford University Pres

FEHSE, KLAUS-DIETER. 1995. „Storyline – ein Modell für inhalts- und handlungsorientiertes Lernen im Fremdsprachenunterricht." *Die Neueren Sprachen* 1, 26–53.

FEHSE, KLAUS-DIETER; DORIS KOCHER. 1998. „Fremdsprachenunterricht als Lernwerkstatt." *Fremdsprachenunterricht* 4, 257–260.

FEHSE, KLAUS-DIETER; DORIS KOCHER. 2000. „Das fremdsprachliche Klassenzimmer als Erzählraum und Bühne. Ein Beispiel zum Storyline-Konzept." *Der Fremdsprachliche Unterricht Englisch* 45, 18–23.

FEHSE, KLAUS-DIETER; MARITA SCHOCKER-VON DITFURTH. 1996. „Sinnvolle Aufgabenstellung im schülerorientierten Unterricht." *Der Fremdsprachliche Unterricht Englisch* 22, 19–24.

FLACHMANN, MARTIN; ANNETTE SIEGMUND. 2002. „Brush up your Shakespeare – ein Stationenbetrieb zu Leben und Werk des Barden." *Der Fremdsprachliche Unterricht Englisch* 57/58, 58–67.

FRECH-BECKER, CORNELIA. 1997. „Wenn Freiarbeit zur freien Arbeit wird." *Praxis des Neusprachlichen Unterrichts* 1, 86–92.

FREINET, CELESTIN. 1979. *Die moderne französische Schule*. Paderborn: Schöningh.

FREIRE, PAOLO. 1972. *Pedagogy of the oppressed*. New York: Penguin.

FREIRE, PAOLO; DONALD MACEDO. 1987. *Literacy: reading the word and the world*. South Hadley: Bergin-Garvey.

FREY, KARL. 1999. „Die Projektmethode." In: WIECHMANN, JÜRGEN (Hg.). *Zwölf Unterrichtsmethoden*. Weinheim: Beltz, 155–162.

FRIED-BOOTH, DIANA. 1986. *Project work*. Oxford: Oxford University Press.

FRUHMANN, GABY. 2002. „Ein Übungszirkel zu tense" *Der Fremdsprachliche Unterricht Englisch* 57/58, 22–25.

FUHR, JOCHEN; BERTHOLD JANKER. 1995a. *Lernen geht auch anders – Freiarbeit in Klasse 5d*. Trostberg: Eigenverlag.

FUHR, JOCHEN; BERTHOLD JANKER. 1995b. *Freiarbeit in Klasse 5d – ein Unterrichtsmodell*. Trostberg: Eigenverlag

GNASS-FRANKE, TRAUDEL. 1993. „Freiarbeit im Englischunterricht – Möglichkeiten des partnerschaftlichen Lernen Ein Erfahrungsbericht." *Die Neueren Sprachen* 4, 358–380.

GNASS-FRANKE, TRAUDEL. 1994. Freiarbeit im Fach Englisch am Gymnasium." In: Akademie für Lehrerfortbildung Dillingen (Hg.). *Freies Arbeiten*. Donauwörth: Auer, 170–177.

GRAHAM, CAROLYN. 1978. *Jazz chants*. Oxford: Oxford University Press.

GRAHAM, CAROLYN. 1993. *Grammarchants – more jazz chants*. Oxford: Oxford University Press.

GREENFIELD, PATRICIA et al. 1987. „What is rock music doing to the minds of our youth? A first experimental look at the effects of rock music lyrics and music videos." *Journal of Early Adolescence* 7, 315–329.

HÄNDELER, KIRSTIN. 2002. „Training circle grammar revision – Grammatikwiederholung in der Oberstufe." *Der Fremdsprachliche Unterricht Englisch* 57/58, 32–41.

HÄNSEL, DAGMAR. 1999. *Projektunterricht – ein praxisorientiertes Handbuch*. Weinheim: Beltz.

HAGEMANN, SILKE. 2002. „Stationenlernen zum Film ‚Forrest Gump'." *Der Fremdsprachliche Unterricht Englisch* 57/58, 42–47.

HARMER, JEREMY. 2001b. „Coursebooks: A human, cultural and linguistic disaster?" *Modern English Teacher* 3, 5–10.

HEGELE, IRMINTRAUT (Hg.). 1996. *Lernziel: Stationenarbeit. Eine neue Form des offenen Unterrichts*. Weinheim: Beltz.

HELMKE, ANDREAS. 2004. *Unterrichtsqualität erfassen, bewerten, verbessern*. Seelze: Kallmeyer.

HINZ, KLAUS. 1994. „Simulationen im frühen Englischunterricht." *Praxis des neusprachlichen Unterrichts* 4, 356–363.

HOFMANN, ADOLPH. 1997. „Goethe goes E-Mail." In: DONATH, REINHARD; INGRID VOLKMER (Hgg.). *Das transatlantische Klassenzimmer: Tips und Ideen für Online-Projekte in der Schule*. Hamburg: Edition Körber-Stiftung, 375–388.

HOLDEN, WILLIAM. 2000. „Making the most of movies: keeping film response journal." *Modern English Teacher* 2, 40–46.

JOLLY, YUKIKO. 1975. „The use of songs in teaching foreign languages." *The Modern Language Journal* 59, 11–14.

JONES, KEN. 1982. *Simulations in language teaching*. Cambridge: Cambridge University Press.

JONES, KEN et al. 1984. *Simulationen im Fremdsprachenunterricht*. München: Hueber.

JÜRGENS, EIKO. 1998. *Die ‚neue' Reformpädagogik und die Bewegung offener Unterricht: Theorie, Praxis und Forschungslage*. Sankt Augustin: Academia.

KAHL, PETER; THOMAS UNRUH. 1993. „Eigenverantwortliches Lernen im Englischunterricht – eine Alternative zur lehrerorientierten Arbeit." *Der Fremdsprachliche Unterricht Englisch* 10, 11–15.

KALLENBACH, CHRISTIANE; MARKUS RITTER. 2000. *Computer-Ideen für den Englischunterricht. Anregungen und Beispiele für den Software- und Internet-Einsatz Klassen 5 bis 10.* Berlin: Cornelsen.

KIEWEG, WERNER. 1998. „Project work – Projektarbeit – Projektunterricht." *Fremdsprachenunterricht* 6, 405–410.

KIEWEG, WERNER. 1999a. „Projektbezogener Englischunterricht." *Der Fremdsprachliche Unterricht Englisch* 40, 4–9.

KIEWEG, WERNER. 1999b. „Zur Terminologie." *Der Fremdsprachliche Unterricht Englisch* 40, 18–19.

KLEIN-LANDECK, MICHAEL. 1998. „Freiarbeit und Lernerautonomie im Englischunterricht. Möglichkeiten und Grenzen in allgemeindidaktischer Sicht." Neusprachliche Mitteilungen 4, 220–227.

KLIPPEL, FRIEDERIKE. 1980. *Lernspiele im Englischunterricht.* Paderborn: Schöningh.

KLIPPEL, FRIEDERIKE. 1984. *Keep talking. Communicative fluency activities for language teaching.* Cambridge: Cambridge University Press.

KLIPPEL, FRIEDERIKE. 1998. „Spielen im Englischunterricht." *Der Fremdsprachliche Unterricht Englisch* 35, 4–12.

KOCHER, DORIS. 1998. *Witches. Storyline für Klasse 7/8.* Lichtenau: AOL.

KOCHER, DORIS. 1999. *Das Klassenzimmer als Lernwerkstatt. Medien und Kommunikation im Englischunterricht nach der Storyline-Methode.* Hamburg: Verlag Dr. Kovac.

KOCHER, DORIS. 2001. *Our Farms: Klasse 5/6.* Lichtenau: AOL.

KOCK, JETTE. 1995. „The use of Storyline in the Danish foreign language classroom." *Die Neueren Sprachen* 1, 64–68.

KOHN, MARTIN. 2003. *Leitfaden moderne Medien. PC-Einsatz im Englischunterricht.* Hannover: Schroedel.

KURTZ, JÜRGEN. 2001b. „Das Lehrwerk und seine Verwendung im Englischunterricht nach der jüngsten Reform der Richtlinien und Lehrpläne." *Englisch* 2, 41–50.

LADOUSSE, GILLIAN PORTER. 1987. *Role play.* Oxford: Oxford University Press.

LARSEN-FREEMAN, DIANE. 2000. *Techniques and principles in language teaching.* Oxford: Oxford University Press.

LASSMANN, ALEV. 1995. „Freie Arbeit im Englischunterricht der Sekundarstufe II. Ein Unterrichtsbeispiel aus der Jahrgangsstufe 11." *Praxis des Neusprachlichen Unterrichts* 4, 372–77.

LEGUTKE, MICHAEL; HOWARD THOMAS. 1991. *Process and experience in the language classroom.* Harlow: Longman.

LEGUTKE, MICHAEL; ANDREAS MÜLLER-HARTMANN. 2000. „Die Fremdsprachenwerkstatt als Erlebnisraum: von der Fachecke zur Infothek." *Der Fremdsprachliche Unterricht Englisch* 45, 11–13.

LEHMANN-LEZMI, FRANZISKA. 1998. „Offenere Unterrichtsformen: Lehrbuchbegleitende Freiarbeitsmaterialien und Vokabellernkartei im Englischunterricht.“ *Fremdsprachenunterricht* 4, 254–256.

LIEBELT, WOLF. 1989. „Anregungen für den Umgang mit Video im Fremdsprachenunterricht.“ *Praxis des Neusprachlichen Unterrichts* 3, 250–261.

LITTLEJOHN, ANDREW. 1985. „Learner choice in language study.“ *ELT Journal* 4, 253–261.

LÖFFLER, RENATE. 1981. *Spiele im Englischunterricht. Vom lehrergelenkten Lernspiel zum schülerorientierten Rollenspiel.* München: Urban & Schwarzenberg.

LOHRE, ANGELIKA. 1993. „Selbständiges Arbeiten mit dem Unit Plan.“ *Der Fremdsprachliche Unterricht Englisch* 12, 34–39.

MALEY, ALAN; ALAN DUFF. 1982. *Drama techniques in language learning.* Cambridge: Cambridge University Press.

MARTYN, ELAINE R. 1994. „Self-access logs: promoting self-directed learning.“ In: GARDNER, DAVID; LINDSAY MILLER (Hgg.). *Directions in self-access language learning.* Hong Kong: Hong Kong University Press, 65–78.

MAYER, WERNER. 1992. *Freie Arbeit in der Primarstufe und in der Sekundarstufe bis zum Abitur.* Heinsberg: Dieck.

MENDEZ, CARMEN. 2003. „Art – reading pictures, visualising words, feeling texts.“ *Der Fremdsprachliche Unterricht Englisch* 66, 34–40.

MEYER, HILBERT. 1999. *Unterrichtsmethoden II: Praxisband.* Frankfurt am Main: Scriptor.

MEYER, HILBERT. 2004. *Was ist guter Unterricht?* Berlin: Cornelsen.

MEYER, HILBERT; MEINERT MEYER. 1997. „Lob des Frontalunterrichts.“ *Lernmethoden – Lehrmethoden. Friedrich-Jahresheft XVII*, 34–37.

MEYER, MICHAEL. 1997. „Schüler als Regisseure und Lehrer von ‚A Midsummer Night's Dream‘.“ *Praxis des Neusprachlichen Unterrichts* 2, 126–134.

MÜLLER-HARTMANN, ANDREAS; MARITA SCHOCKER-VON DITFURTH. 2004. „Aufgabenorientierung im Fremdsprachenunterricht: Entwicklungen, Forschung und Praxis, Perspektiven.“ In: MÜLLER-HARTMANN, ANDREAS; MARITA SCHOCKER-VON DITFURTH (Hgg.). *Aufgabenorientierung im Fremdsprachenunterricht. Task-based language learning and teaching.* Tübingen: Narr, 1–51.

MURPHEY, TIM. 1990. *Song and music in language learning: an analysis of pop songs and the use of song and music in teaching English as a foreign language.* Bern: Lange.

MURPHEY, TIM. 1992. *Music and song.* Oxford: Oxford University Press.

NADZEIKA-HUMBARACI, DOROTHEA. 2000. „Teamarbeit gefragt – Mitarbeit erwünscht.“ *Der Fremdsprachliche Unterricht Englisch* 44, 11–16.

NEFF, GERHARD. 1999. „Moderne Netzwerktechnologien im kommunikativen Fremdsprachenunterricht (Teil 3).“ *Englisch* 3, 81–89.

NISSEN, PETER. 1993. „Simulation ‚Front Page‘“. *Praxis des Neusprachlichen Unterrichts* 2, 152–160.

NÜNNING, ANSGAR. 1998. „Von Teaching Drama zu Teaching Plays." *Der Fremdsprachliche Unterricht Englisch* 31, 4–13.

NUTZ, MARTIN. 1999a. „Hörkassetten-Projekt." *Der Fremdsprachliche Unterricht Englisch* 40, 24–25.

NUTZ, MARTIN. 1999b. „Landminen-Projekt." *Der Fremdsprachliche Unterricht Englisch* 40, 31–34.

O'DELL, FELICITY. 1997. „Confidence building for classroom teachers working with self-access resources." In: BENSON, PHIL; PETER VOLLER (Hgg.). *Autonomy and independence in language learning*. London: Longman, 150–163.

O'NEILL, ROBERT. 1991. „The plausible myth of learner-centredness: or the importance of doing ordinary things well." *ELT Journal* 4, 293–304.

OHLY, URSULA. 1991. „Englischunterricht mit dem Wochenplan." *Der Fremdsprachliche Unterricht Englisch* 2, 10–13.

PICA, TERESA et al. 1993. „Choosing and using communicative tasks for second language instruction." In: CROOKES, GRAHAM; SUSAN GASS (Hgg.). *Tasks and language learning: integrating theory and practice*. Clevedon: Multilingual Matters, 9–34.

PIEPHO, HANS-EBERHARD. 2003. *Lerneraktivierung im Fremdsprachenunterricht. „Szenarien" in Theorie und Praxis*. Hannover: Schroedel.

POSTMAN, NEIL; CHARLES WEINGARTNER. 1969. *Teaching as a subversive activity*. New York: Penguin.

PRODROMOU, LUKE. 2002. „The great ELT textbook debate." *Modern English Teacher* 4, 25–33.

PRODROMOU, LUKE. 2003. „The power and the glory: from the textbook to learner input." Handout Vortrag ALP & MATSDA: Dillingen.

QUAST, ULRIKE. 1994. „Music connects minds and hearts. Reflexionen zur Rolle und Verwendung von Musik im Fremdsprachenunterricht." *Fremdsprachenunterricht* 3, 169–171.

RAETZELL, LOUISE. 1995. *Vorschläge zum Offenen Unterricht mit English G, Neue Ausgabe, C3 Kopiervorlagen*. Berlin: Cornelsen.

RAU, ALBERT. 1999. „Short texts in action – more than action in the classroom!" *Der Fremdsprachliche Unterricht Englisch* 42, 4–9.

REINMANN-ROTHMEIER, GERHARD; HEINZ MANDL. 2001. „Unterrichten und Lernumgebungen gestalten." In: KRAPP, ANDREAS; BERND WEIDENMANN (Hgg). *Pädagogische Psychologie*. Weinheim: Beltz, 601–646.

RICHARDS, JACK; THEODORE RODGERS. 2001 (2. Aufl.). *Approaches and methods in language teaching*. Cambridge: Cambridge University Press.

SCHAEFER, GERHARD; RYOEI YOSHIOKA. 2000. *Balanced Thinking*. Frankfurt am Main: Lang.

SCHANZ-HERING, BRIGITTE. 1988. „Freie Arbeit – eine Möglichkeit der Binnendifferenzierung im Englischunterricht." *Englisch* 2, 41–47.

SCHELLER, INGO. 1981. *Erfahrungsbezogener Unterricht.* Königstein: Scriptor.

SCHMENK, BARBARA. 1999. „Press coverage of King Lear's abdication." *Der Fremdsprachliche Unterricht Englisch* 40, 39–43.

SCHNEIDER, WERNER. 2000. *Steven Spielberg: Schindler's List. Ein filmanalytisches Projekt.* Berlin: Cornelsen.

SCHUMANN, BETTINA. 2002. „London spielerisch entdecken." *Der Fremdsprachliche Unterricht Englisch* 57/58, 16–21.

SCHUNKE, JANE. 2002. „Schulung des Leseverstehens anhand Goldings ‚Lord of the Flies'." *Der Fremdsprachliche Unterricht Englisch* 57/58, 48–51.

SHEERIN, SUSAN. 1989. *Self-access.* Oxford: Oxford University Press

SHEERIN, SUSAN. 1991. „State of the art: self-access." *Language Teaching* 3, 143–157.

SHEERIN, SUSAN. 1997. „An exploration of the relationship between self-access and independent learning." In: BENSON, PHIL; PETER VOLLER (Hgg.). *Autonomy and independence in language learning.* London: Longman, 54–65.

SHERMAN, JANE. 2003. *Using authentic video in the language classroom.* Cambridge: Cambridge University Press.

SIPPEL, VERENA. 2003. *Ganzheitliches Lernen im Rahmen der Simulation globale.* Tübingen: Narr.

SKEHAN, PETER. 1996. „Second language acquisition research and task-based instruction." In: WILLIS, JANE; DAVE WILLIS (Hgg.). *Challenge and change in language teaching.* Oxford: Heinemann, 17–30.

STEITZ-KALLENBACH, JÖRG. 1993. „Das Machbare ins Auge fassen. Englischunterricht einer neunten Klasse am Gymnasium." *Pädagogik* 10, 30–32.

STEMPLESKI, SUSAN; BARRY TOMALIN. 2001. *Film.* Oxford: Oxford University Press.

SURKAMP, CAROLA. 2004. „Teaching films: Von der Filmanalyse zu handlungs- und prozessorientierten Formen der filmischen Textarbeit." *Der Fremdsprachliche Unterricht Englisch* 68, 2–11.

TEICHMANN, MONIKA. 2002a. „Stationenlernen im Fremdsprachenunterricht." *Der Fremdsprachliche Unterricht Englisch* 57/58, 4–10.

TEICHMANN, MONIKA. 2002b. „Cultures in post-colonial Africa. Stationenlernen in einem Oberstufenkurs." *Der Fremdsprachliche Unterricht Englisch* 57/58, 52–57.

THALER, ENGELBERT. 1999. *Musikvideoclips im Englischunterricht. Phänomenologie, Legitimität, Didaktik und Methodik eines neuen Mediums.* München: Langenscheidt-Longman.

THALER, ENGELBERT. 2000. *EinFach Englisch: Monty Python. Unterrichtsmodell.* Paderborn: Schöningh.

THALER, ENGELBERT. 2001. „DVD im Englischunterricht." *Der Fremdsprachliche Unterricht Englisch* 53, 40–41.

THALER, ENGELBERT. 2004a. „MMSL statt HSAH – Plädoyer für ein Multimedia-Sprachlabor im Fremdsprachenunterricht." *Neusprachliche Mitteilungen aus Wissenschaft und Praxis* 2, 92–100.

THALER, ENGELBERT. 2004b. „Dogme – eine alte methodische Innovation?" *Englisch* 2, 56–63.

THALER, ENGELBERT. 2004c. „Welcome to the Land Down Under – Lernzirkel ‚Australien'." *Raabits Englisch – Impulse und Materialien für die kreative Unterrichtsgestaltung* 38, 1–34.

THALER, ENGELBERT. 2008. *Offene Lernarrangements im Englischunterricht*. München: Langenscheidt.

THORNBURY, SCOTT. 2000. „A Dogma for EFL." *IATEFL Issues* 153, 2.

THORNBURY, SCOTT. 2001. „Teaching unplugged or: That's Dogme with an E." <http://www.teaching-unplugged.com/itsmagazine.html> (06.12.09).

THORNBURY, SCOTT; LUKE MEDDINGS. 2001b. "Using the raw materials. A Dogme approach to teaching language." *Modern English Teacher* 4, 40–43.

THORNBURY, SCOTT; LUKE MEDDINGS. 2002. „Using a coursebook the Dogme style." *Modern English Teacher* 1, 36–40.

TIMM, JOHANNES-PETER. 1998. „Pop- und Rocksongs als ‚Lernschrittmacher'." In: TIMM, JOHANNES-PETER (Hg.). *Englisch lernen und lehren*. Berlin: Cornelsen, 178–184.

TRAUB, SILKE. 2000. *Schrittweise zur erfolgreichen Freiarbeit*. Bad Heilbrunn: Klinkhardt.

TURNER-HILL, BÄRBEL. 2004. „Using authentic films with beginners in the EFL classroom." *Englisch* 3, 91–102.

UNRUH, THOMAS. 1989. „Freie Arbeit und offener Englischunterricht." *Englisch* 1, 4–7.

VATER, BRIGITTE. 2001. „Projektorientierung im Fremdsprachenunterricht." In: WESKAMP, RALF (Hg.). *Perspektiven: Methoden und Konzepte des fremdsprachlichen Unterrichts: Qualitätsentwicklung, Erfahrungsberichte, Praxis*. Hannover: Schroedel, 31–36.

VAUPEL, DIETER. 1999. „Wochenplanarbeit." In: WIECHMANN, JÜRGEN (Hg.). 1999. *Zwölf Unterrichtsmethoden*. Weinheim: Beltz, 72–82.

VOLLER, PETER et al. 1999. „One-to-one counselling for autonomous learning in a self-access centre: final report on an action learning project." In: CRABBE, DAVID; SARA COTTERALL (Hgg.). *Learner autonomy in language learning: defining the field and effecting change*. Frankfurt: Lang, 111–126.

WALLERSTEIN, NINA. 1983. *Language and culture in conflict: problem-posing in the ESL classroom*. Reading: Addison-Wesley.

WANDEL, REINHOLD. 1999. „Marsmännchen – ein Video-Projekt zum Fremdverstehen." *Der Fremdsprachliche Unterricht Englisch* 40, 26–30.

WARSCHAUER, MARK et al. 1996. „Computer learning networks and student empowerment." *System* 1, 1–14.

WARSCHAUER, MARK; DEBORAH HEALEY. 1998. „Computers and language learning: an overview.“ *Language Teaching* 31, 57–71.

WARSCHAUER, MARK; RICHARD KERN (Hgg.). 2000. *Network-based language teaching: concepts and practice.* Cambridge: Cambridge University Press.

WEIGLER, NORBERT. 1999. „Freiarbeit im Englischunterricht am Gymnasium?“ *Praxis des Neusprachlichen Unterrichts* 1, 74–76.

WEISSLING, HARALD; BOB YAREHAM. 2001. *Video-Ideen für den Englischunterricht.* Berlin: Cornelsen.

WESKAMP, RALF. 2001. *Fachdidaktik: Grundlagen & Konzepte.* Berlin: Cornelsen.

WIEGAND, VOLKER. 1991. „‚Wo ist Carmen Sandiego‘? Computer-Simulationen im Fremdsprachenunterricht.“ *Der Fremdsprachliche Unterricht Englisch* 4, 42–44.

WILKENING, MONIKA. 1998. „SchülerInnen entwickeln dramatische Formen in offenen Unterrichtsphasen.“ *Der Fremdsprachliche Unterricht Englisch* 31, 16–20.

WILKENING, MONIKA. 1999. „Projektunterricht zum ‚American Dream‘.“ *Der Fremdsprachliche Unterricht Englisch* 40, 44–46.

WILKENING, MONIKA. 2002. „Stationenlernen nach der Lektüre von ‚The Boy in the Moon‘.“ *Der Fremdsprachliche Unterricht Englisch* 57/58, 11–15.

WILLIS, JANE. 1996. „A flexible framework for task-based learning.“ In: WILLIS, JANE; DAVE WILLIS (Hgg.). *Challenge and change in language teaching.* Oxford: Heinemann, 52–62.

WILLIS, JANE.1998. „Task-based learning: what kind of adventure.“ http://www.jalt-publications.org/tlt/files/98/jul/willis.html (06.12.09)

WRIGHT, ANDREW. 1995. *Storytelling with children.* Oxford: Oxford University Press.

YAICHE, FRANCIS. 1996. *Simulation globale.* Paris: Hachette.

ZEHNDER, MATTHIAS. 2000. *Surfen im Internet. Geschichte und Geschichten des Internet.* Kilchberg: Smart Books.

ZIMMERMANN, HEINZ. 1994. „Freies Arbeiten.“ In: Akademie für Lehrerfortbildung Dillingen (Hg.). *Freies Arbeiten.* Donauwörth: Auer, 79–93.

Register

S